dtv

Mit Friedrich Nietzsche über Gott und die Welt plaudern, seine Gedankenwelt im Dialog anschaulich machen, das ist die Intention dieses Buches. Es möchte zu einem Gespräch unter »freien Geistern« animieren, für die Nietzsche sein erstmals 1878 erschienenes Werk ›Menschliches, Allzumenschliches‹ geschrieben hat. In fünfzig ausgewählten Aphorismen wird gezeigt, was und vor allem wie Nietzsche gedacht hat. Es geht unter anderem um Metaphysik, Freiheit und Verantwortung, Religion, Freundschaft, Liebe, Ehe, Kunst, Eigentum, Weltbild, Pflicht und die eigene Meinung. Dem jeweiligen Originalauszug folgen Begriffserklärungen und Fragen zum Text. In einem anschließenden Test kann der Leser sein Verständnis überprüfen und seinen Geist im philosophischen Spiel erproben. »Und damit vorwärts auf der Bahn der Weisheit, guten Schrittes, guten Vertrauens!« (Friedrich Nietzsche)

Norbert Tholen, geboren 1942 in Erkelenz, studierte Katholische Theologie, Philosophie und Germanistik in Bonn und Aachen. Seit 1976 unterrichtet er Deutsch und Philosophie an einem Gymnasium in Mönchengladbach. Er arbeitete an den ›Frankfurter Heften‹ mit und hat einige Arbeitsbücher zum Philosophieunterricht veröffentlicht.

NORBERT THOLEN

KENNEN SIE NIETZSCHE?

EIN TEST

Deutscher Taschenbuch Verlag

Originalausgabe
November 1997
2. Auflage September 1999

Umschlagkonzept: Balk & Brumshagen
Umschlagbild: Stahlstich Porträt Friedrich Nietzsches
(© Ullstein Bilderdienst / Camera Press Ltd.)
Satz: Offizin Wissenbach, Würzburg
Druck und Bindung: C.H. Beck'sche Buchdruckerei, Nördlingen
Gedruckt auf säurefreiem, chlorfrei gebleichtem Papier
Printed in Germany · ISBN 3-423-30655-6

INHALT

Vorwort 7
Gebrauchsanleitung 12

MENSCHLICHES, ALLZUMENSCHLICHES (1. BAND)

Vorgespräch mit Friedrich Nietzsche
über ›Menschliches, Allzumenschliches‹ 15

Metaphysik (Nr. 1) 19
Teleologie (Nr. 2) 23
Logik des Traumes (Nr. 13) 27
Substanz und Freiheit (Nr. 18) 32
Weltbejahung und -verneinung (Nr. 28 u. 29) 37
Konsequenzen ziehen (Nr. 34) 41
Freiheit und Verantwortung (Nr. 39) 44
Individuum (Nr. 57) 49
Gerechtigkeit (Nr. 92) 52
Neue Moral (Nr. 94 u. 95) 55
Der Weise (Nr. 107) 59
Christentum (Nr. 113 u. 114) 64
Fortleben der Religion (Nr. 130 u. 131) 68
Geniekult (Nr. 164) 72
Kulturgeschichte im Individuum (Nr. 272) 76
Individuum und Muße (Nr. 282 u. 283) 79
Fortschritt (Nr. 292) 83
Freundschaft (Nr. 376) 87
Liebe (Nr. 415) 90
Ehe (Nr. 424) 92
Gebändigter Egoismus (Nr. 455) 95
Geschichte des Staates (Nr. 472) 97
Sozialismus (Nr. 473) 105
Überzeugungen (Nr. 630) 108
Wert der Methoden (Nr. 635 u. 636) 112

VERMISCHTE MEINUNGEN UND SPRÜCHE

Zwischenbilanz – Gespräch über
›Vermischte Meinungen und Sprüche‹ 119

Verborgene Motive des Denkens (Nr. 26) 122
Art und Weise des Sterbens (Nr. 88) 126
Egoismus und Tugend (Nr. 91) 128
Kunst und Kunstwerke (Nr. 174 u. 175) 130
Mode (Nr. 209) 133
Das eigentlich Heidnische (Nr. 220) 135
Vergangenes sehen (Nr. 223) 138

DER WANDERER UND SEIN SCHATTEN

Ohne Lüge leben (Nr. 5 u. 6) 143
Dinge im Fluß (Nr. 11) 147
Nachbarn der nächsten Dinge werden (Nr. 16) 150
Gleichgewicht als Prinzip (Nr. 22) 154
Rache (Nr. 33) 158
Pflicht (Nr. 43 u. 44) 163
Entstehung von Moral (Nr. 57) 166
Scham (Nr. 69) 169
Philosophen (Nr. 171) 172
Eitelkeit (Nr. 181) 175
Menschlichkeit (Nr. 183) 178
Lebenslauf einer Tugend (Nr. 190) 180
Weltbild (Nr. 266) 184
Demokratisierung Europas (Nr. 275) 186
Notwehr oder Frieden (Nr. 284) 189
Eigentum (Nr. 285) 192
Gerechter Lohn (Nr. 286) 196
Eigene Meinung (Nr. 329) 199

Gespräch zum Abschluß über
›Der Wanderer und sein Schatten‹ 201

VORWORT

Sie wollen Nietzsche kennenlernen? Das ist keine schlechte Idee! Dafür, daß man sich um Friedrich Nietzsche als Gesprächspartner bemüht, sprechen viele Gründe. Die wichtigsten sind folgende:

1. Er ist ein moderner Mensch, dessen Fragen auch noch die unseren sind. Dieser »Zeitgenosse« hat radikal darüber nachzudenken versucht, was unser Leben ausmacht; das Buch ›Menschliches, Allzumenschliches‹ ist das erste große Ergebnis seines eigenen Denkens.
2. Er hat kleinere Texte geschrieben, Aphorismen, die in sich relativ geschlossen sind; man kann also mit ihm denken, ohne dreihundert Seiten auf einmal lesen zu müssen.
3. Man kann seine Gedanken auch fünf- und sechsmal lesen, ohne daß sie langweilig werden oder aufhören, einem etwas zu sagen – jedenfalls ergeht es mir so.
4. Man muß ihm nicht immer zustimmen. Nietzsche verträgt auch Widerspruch, ja er provoziert ihn sogar gelegentlich.

Nietzsche wurde am 15. Oktober 1844 in Röcken bei Leipzig als erstes Kind des evangelischen Pfarrers Karl Ludwig Nietzsche und seiner Frau Franziska, die ebenfalls aus einem Pfarrhaus stammte, geboren. Seine Schwester Elisabeth wurde 1846 geboren, ein jüngerer Bruder wurde nur wenige Monate alt; 1849 starb sein Vater, bald darauf zog die Familie nach Naumburg.

1854 ging er auf das Gymnasium in Naumburg, ab 1858 besuchte er die Fürstenschule Schulpforta, ein altsprachliches Elitegymnasium. 1864 begann er in Bonn das Studium der klassischen Philologie (Griechisch, Latein), 1865 ging er zum Studium nach Leipzig; dort wurde er von Schopenhauers Philosophie fasziniert. 1868 lernte er Richard Wagner kennen, dessen Musik er einige Jahre außerordentlich schätzte. Im darauffolgenden Jahr erhielt er einen Ruf an die Universität Basel, wo er klassische Philologie las und nebenher noch acht Wochenstunden an einem Gymnasium unterrichtete. Mehrere Jahre war er mit Wagner und dessen Frau Cosima eng befreundet. In Basel wandte er sich immer stärker der Philosophie zu.

1873 begann sein Leiden: Kopf- und Augenschmerzen, auch Magenbeschwerden, die ihn oft tagelang an der Arbeit hinderten; 1876 nahm er ein Jahr Urlaub von der Universität, 1879 schließlich den Abschied. Von da an lebte er monatelang abwechselnd in Naumburg, Venedig, Marienbad, Genua und im Engadin (Sils Maria), wo er sich der Landschaft verwandt fühlte. Später war er auch öfter in Nizza. Im Jahr 1882 machte er den vielleicht einzigen ernsthaften Versuch, in Lou Andreas-Salomé eine Frau für sich zu finden; insgesamt war er den Frauen gegenüber eher gehemmt und ungeschickt, während er mit vielen Männern befreundet war. Am 3. Januar 1889 brach er in Turin geistig verwirrt zusammen; seit 1890 wurde er in Naumburg von der Mutter, ab 1897 von seiner Schwester in Weimar gepflegt, bis er am 25. August 1900 verstarb.

In seinem Buch ›Die fröhliche Wissenschaft‹ (1882) stellt er sich selber so vor (Vorspiel, 62. Gedicht: Ecce homo):

»Ja! Ich weiss, woher ich stamme!
Ungesättigt gleich der Flamme
Glühe und verzehr' ich mich.
Licht wird Alles, was ich fasse,
Kohle Alles, was ich lasse:
Flamme bin ich sicherlich.«

Diese sechs Verse sagen über ihn vielleicht genauso viel wie die Daten seines äußeren Lebens. Er hatte sich frühzeitig vom evangelischen Christentum seines Elternhauses abgewandt und erkannt, daß die europäische Kultur – Religion, Moral, Wissenschaft – brüchig geworden war und nicht mehr trug. Zunächst glaubte er, in der griechischen Kunst der Antike (›Die Geburt der Tragödie aus dem Geist der Musik‹, 1872) und in Richard Wagners Musik etwas zu finden, das dem menschlichen Leben neuen Glanz verleihen könnte; doch bald wurde er sich seines Irrtums bewußt und wandte sich der Philosophie zu – aber einer eigenen neuen Philosophie, deren erstes Ergebnis das Buch ›Menschliches, Allzumenschliches‹ (1878) ist. Wenn Sie mein »Vorgespräch« mit Nietzsche über dieses Buch lesen, bekommen Sie einen Eindruck von den Gedanken, mit denen er sich seit etwa 1876 befaßt hat. Es ist ›Ein Buch für freie Geister‹ (Untertitel), genau hundert Jahre nach dem Tod Voltaires erschienen und dessen aufklärerischem Geist verpflichtet.

1886 hat Nietzsche eine neue Vorrede zu seinem Buch geschrieben und zu erklären versucht, was ihn zum und beim Denken bewegt hat. Nietzsche hoffte, eine Gemeinschaft freier Geister zu finden oder zu schaffen, und wurde darin bitter enttäuscht – seine große »Loslösung« von der europäischen Tradition war für beinahe alle Zeitgenossen zu radikal; als Denker blieb er einsam. Wer die eigene Tradition und die zeitgenössischen Ideen aufarbeitet – Stichwort: Nihilismus –, findet keine ausgetretenen Wege mehr vor, sondern betritt Neuland. Er muß »*auf den Versuch* hin leben und sich dem Abenteuer anbieten« (Vorrede, 4.). Dabei hat Nietzsche eine neue Lebensquelle gefunden: »Fast ist ihm zu Muthe, als ob ihm jetzt erst die Augen für das *Nahe* aufgiengen.« (Vorrede, 5.)

In diesem Geist hat er im Jahr 1879 ›Vermischte Meinungen und Sprüche‹ veröffentlicht, 1880 dann ›Der Wanderer und sein Schatten‹; der Titel deutet an, wie einsam Nietzsche sich gefühlt hat. Die beiden Bücher sind später als zweiter Band zu ›Menschliches, Allzumenschliches‹ gezählt worden. In dieser Phase seines Schaffens schrieb er auch ›Morgenröthe. Gedanken über die moralischen Vorurtheile‹ (1881) und ›Die fröhliche Wissenschaft‹ (1882). Danach arbeitete er am ›Zarathustra‹, um 1886/87 wieder zwei große Aphorismenbände zu publizieren, ›Jenseits von Gut und Böse‹ und ›Zur Genealogie der Moral‹. Die folgenden Bücher hat er zum Teil nicht mehr selber veröffentlicht. – Nietzsches Impulse lebten in der Lebens- und Existenzphilosophie fort, zum Teil auch in der Sprachphilosophie und der Anthropologie Arnold Gehlens.

›Menschliches, Allzumenschliches‹ besteht aus kleinen und größeren Aphorismen – darin zeigt sich das Tastende seines Denkens, das keinen systematischen Entwurf vorlegen kann, weil es etwas ganz Neues denkt, wobei es sich gelegentlich auch in Widersprüche verstrickt. Aber alle seine Denkversuche sind der einen Methode verpflichtet, sich nicht von Worten bestricken oder von Gefühlen benebeln zu lassen, sondern die Wurzeln der Empfindungen und Vorstellungen freizulegen. Wichtig bei der Wurzelsuche war für ihn die Auseinandersetzung nicht nur mit den Gedanken Arthur Schopenhauers, sondern auch mit einem Werk von Paul Rée, ›Psychologische Beobachtungen‹, das Nietzsche 1875 gelesen hatte. In der Widmung seines 1877 erschienenen Buches ›Der Ursprung der moralischen Empfindungen‹ bezeichnete Rée Nietzsche als dessen Vater, sich selbst nannte er die Mutter des Buches. Nietzsche seinerseits schrieb im Herbst 1877 an Rée, »dass ich in meinem Leben noch nicht so viel Annehmlichkeiten von der Freundschaft gehabt habe, wie durch Sie in diesem Jahre, gar nicht von dem zu reden, was ich von Ihnen gelernt habe«. Die verdeckten und vergessenen Wurzeln unserer Vorstellungen und Empfindungen müssen gefunden werden, weil wir sonst von den Idealen des Schönen, Wahren und Guten sowie von deren Verwaltern irregeführt und unseren eigenen Lebensmöglichkeiten entfremdet werden.

Wer ein »intellectuales Gewissen« besitzt und ohne Lüge leben will, wird vor allem in den Aphorismen des zweiten Bandes Hinweise finden, in welche Richtung er beim Denken gehen könnte. Ich möchte Ihnen hier aber nicht nahebringen, was Nietzsche gelehrt, sondern was er gedacht und vor allem *wie* er gedacht hat.

Aus den 638 Aphorismen des I. und den 758 des II. Bandes von ›Menschliches, Allzumenschliches‹ habe ich ausgewählt, was besonders wichtig und möglichst auch gut zu verstehen ist – Nietzsche zum Schnuppern sozusagen, in der Hoffnung, daß Sie Appetit auf mehr bekommen; die »Stichwörter« dazu habe ich selber formuliert. Zur Einführung habe ich eine Reihe kleiner prägnanter Aphorismen ausgesucht und sie durch meine Fragen zu einem Gespräch verbunden – Nietzsche möge mir verzeihen; es ist nämlich so, daß man einen Gedanken erst verstanden hat, wenn man ihn als Antwort auf eine Frage, als Lösung eines Problems begreift. Auch an den

Anfang der Texte aus dem II. Band und an den Schluß habe ich ein solches »Gespräch« gestellt. Die Gespräche machen es mir möglich, Ihnen Nietzsche in brillanten kleinen Aphorismen vorzustellen. Seine Gedanken könnte man auch anders, als ich es getan habe, in einem fiktiven Dialog verbinden – versuchen Sie es einmal!

Daß meine Auswahl aus ›Menschliches, Allzumenschliches‹ subjektiv ist, versteht sich von selbst – sie sagt also nicht nur etwas über Nietzsches Denken, sondern auch über meine Nietzsche-Lektüre aus, vielleicht sogar etwas über mich als Person.

Als Textgrundlage habe ich die ›Kritische Studienausgabe‹ (dtv / de Gruyter), Band 2, gewählt; gut ist ebenfalls die modernisierte Textfassung von Karl Schlechta, zu der es auch ein hilfreiches Register gibt – aber das Bessere ist der Feind des Guten, und an die altertümliche Schreibweise Nietzsches hat man sich schnell gewöhnt.

Eine von Nietzsches Ideen ist, daß Denken nicht immer todernst sein muß, daß es spielerische und kämpferische Aspekte enthält. Spielen und kämpfen können Sie, wenn ich Ihnen ›Verständnisfragen zum Text‹ stelle und Sie anschließend auffordere: ›Testen Sie Ihr Verständnis Nietzsches!‹ Wie ich mir das gedacht habe, entnehmen Sie bitte der folgenden Gebrauchsanleitung.

GEBRAUCHSANLEITUNG

Sie finden in diesem Buch Aphorismen Nietzsches aus dem I. und II. Band von ›Menschliches, Allzumenschliches‹ zu jeweils 25 Stichwörtern. Sie sollten einfach bei dem Stichwort zu lesen anfangen, das Sie am meisten interessiert; ich schlage Ihnen aber vor, dabei mit einem Text aus dem I. Band zu beginnen.

Wenn die Lektüre Ihnen Schwierigkeiten bereitet, sollten die ›Erläuterungen zum Text‹ Ihnen helfen, die Probleme zu lösen. Mit den ›Verständnisfragen zum Text‹ können Sie überprüfen, ob Sie dem Gedankengang Nietzsches streng gefolgt sind. Bei jeder Frage ist von drei vorgeschlagenen Möglichkeiten nur eine richtig; die Trennschärfe der möglichen Antworten ist jedoch manchmal gering. Wenn Sie von den Verständnisfragen etwa zwei Drittel richtig beantworten, können Sie mit Ihrer Leistung zufrieden sein. Welche Lösung die richtige ist, ist bei jedem Stichwort am Schluß als Fußnote angegeben. Sie sollten in Ruhe Nietzsches Gedankengang nachvollziehen; im Nach- und Weiterdenken prüfen Sie, ob oder in welcher Hinsicht Sie ihm zustimmen können. Nehmen Sie sich Zeit zum Lesen und zum Denken!

Anspruchsvoll sind die Aufgaben ›Testen Sie Ihr Verständnis Nietzsches‹; dort sind Ausschnitte aus Nietzsches Aphorismen (möglichst aus der Zeit, in der er ›Menschliches, Allzumenschliches‹ geschrieben hat) wiedergegeben, die sich mit dem genannten Stichwort befassen, in denen aber ein wichtiges Wort (bzw. eine Wortgruppe) fehlt – dieses Wort sollen Sie suchen! Die ausgelassenen Wörter des Originaltextes sind ebenfalls am Schluß jedes Stichworts notiert, so daß Sie Ihr Verständnis überprüfen können. Als richtig können dabei auch Lösungen gelten, die nicht wörtlich Nietzsches Gedanken treffen, aber ihm sinngemäß entsprechen. Bei der Beurteilung Ihrer Lösung dürfen Sie hier großzügiger verfahren, während es bei den »Verständnisfragen zum Text« meines Erachtens nur eine richtige Lösung gibt.

Also dann: viel Freude beim Denken, viel Erfolg beim Suchen!

MENSCHLICHES, ALLZUMENSCHLICHES
(I. BAND)

VORGESPRÄCH MIT FRIEDRICH NIETZSCHE ÜBER ›MENSCHLICHES, ALLZUMENSCHLICHES‹

Herr Nietzsche, mit dem Titel Ihres neuen Buches deuten Sie an, daß Sie vieles nicht so hoch schätzen, wie man es gemeinhin tut oder gern sähe. Warum möchten so viele Leute gute Menschen sein?
»Jede Tugend hat Vorrechte: zum Beispiel diess, zu dem Scheiterhaufen eines Verurtheilten ihr eigenes Bündelchen Holz zu liefern.« (Nr. 67)

Gibt es keine anderen Gründe, warum die Menschen tugend- oder heldenhaft sind?
»Man springt einem Menschen, der in's Wasser fällt, noch einmal so gern nach, wenn Leute zugegen sind, die es nicht wagen.« (Nr. 325)

Wollen wir denn bewundert oder nicht eher geliebt werden?
»Die Forderung, geliebt zu werden, ist die grösste der Anmaassungen.« (Nr. 523)

Wir kommen nach Ihrer Einsicht vom Ich nicht los. Könnte uns vielleicht ein Aufbruch zur geistigen Befreiung verhelfen?
»Bei der ernstlich gemeinten geistigen Befreiung eines Menschen hoffen im Stillen auch seine Leidenschaften und Begierden ihren Vortheil sich zu ersehen.« (Nr. 542)

Gibt es denn die reine, gute Handlungsweise nicht?
»Wer tiefer denkt, weiss, dass er immer Unrecht hat, er mag handeln oder urtheilen, wie er will.« (Nr. 518)

Sie entwickeln Ihre Gedanken in der Auseinandersetzung mit anderen Menschen, wie wir das alle tun. Worauf muß man dabei achten, Herr Nietzsche?
»Wenn man zugleich einer anderen Meinung widerspricht und dabei seine eigene entwickelt, so verrückt gewöhnlich die fortwährende Rücksicht auf die andere Meinung die natürliche Haltung der eigenen: sie erscheint absichtlicher, schärfer, vielleicht etwas übertrieben.« (Nr. 349)

Warum widersprechen wir so oft anderen Menschen?
»Man widerspricht oft einer Meinung, während uns eigentlich nur der Ton, mit dem sie vorgetragen wurde, unsympathisch ist.« (Nr. 303)

Macht es uns nicht auch Freude, anderen zu widersprechen?
»Man greift nicht nur an, um Jemandem wehe zu thun, ihn zu besiegen, sondern vielleicht auch nur, um sich seiner Kraft bewusst zu werden.« (Nr. 317)

Sollte man denn weniger kritisieren, als wir es gewöhnlich tun?
»Man kritisiert einen Denker schärfer, wenn er einen uns unangenehmen Satz hinstellt; und doch wäre es vernünftiger, diess zu thun, wenn sein Satz uns angenehm ist.« (Nr. 484)

Wie meinen Sie das?
»Ueberzeugungen sind gefährlichere Feinde der Wahrheit, als Lügen.« (Nr. 483)

Warum sind Sie gegen feste Überzeugungen so skeptisch?
»Der Eine hält eine Meinung fest, weil er sich Etwas darauf einbildet, von selbst auf sie gekommen zu sein, der Andere, weil er sie mit Mühe gelernt hat und stolz darauf ist, sie begriffen zu haben: Beide also aus Eitelkeit.« (Nr. 527)

Gibt es denn keine Überzeugungen, an denen man unerschütterlich festhalten sollte?
»Personen, welche eine Sache in aller Tiefe erfassen, bleiben ihr selten auf immer treu. Sie haben eben die Tiefe an's Licht gebracht: da giebt es immer viel Schlimmes zu sehen.« (Nr. 489)

Hängt damit auch zusammen, daß gerade mittelmäßige Zeitgenossen in den Institutionen, in Staat, Verwaltung und Schule, sogar in den Kirchen Karriere machen?
»Das Halbwissen ist siegreicher, als das Ganzwissen: es kennt die Dinge einfacher, als sie sind, und macht daher seine Meinung fasslicher und überzeugender.

Wer viel denkt, eignet sich nicht zum Parteimann: er denkt sich zu bald durch die Partei hindurch.« (Nr. 578, 579)

Ein erstes Fazit unseres Gesprächs: Wovon kann man sich in seinem Erkenntnisbemühen leiten lassen?
»Man muss zum Zwecke der Erkenntnis jene innere Strömung zu benutzen wissen, welche uns zu einer Sache hinzieht und wiederum jene, welche uns nach einer Zeit von der Sache fortzieht.« (Nr. 500)

Heißt das, daß es keine bleibende Erkenntnis der Dinge gibt?
»Der Mensch mag sich noch so weit mit seiner Erkenntniss ausrecken, sich selber noch so objectiv vorkommen: zuletzt trägt er doch Nichts davon, als seine eigene Biographie.« (Nr. 513)

Warum sind aber gerade Erwachsene geistig oft unbeweglich?
»Wer viel zu thun hat, behält seine allgemeinen Ansichten und Standpuncte fast unverändert bei. Ebenso Jeder, der im Dienst einer Idee arbeitet: er wird die Idee selber nie mehr prüfen, dazu hat er keine Zeit mehr; ja es geht gegen sein Interesse, sie überhaupt noch für discutirbar zu halten.« (Nr. 511)

Gibt es nicht auch aufrichtige Menschen, die einer Sache treu bleiben?
»Man bleibt mitunter einer Sache nur desshalb treu, weil ihre Gegner nicht aufhören, abgeschmackt zu sein.« (Nr. 536)

Können Sie uns zum Schluß eine Grundregel für die wahrhaft philosophische Einstellung nennen?
»Gewöhnlich strebt man darnach, für alle Lebenslagen und Ereignisse *eine* Haltung des Gemüthes, *eine* Gattung von Ansichten zu erwerben, – das nennt man vornehmlich philosophisch gesinnt sein. Aber für die Bereicherung der Erkenntniss mag es höheren Werth haben, nicht in dieser Weise sich zu uniformiren, sondern auf die leise Stimme der verschiedenen Lebenslagen zu hören; diese bringen ihre eigenen Ansichten mit sich. So nimmt man erkennenden Antheil am Leben und Wesen Vieler, indem man sich selber nicht als starres beständiges Eines Individuum behandelt.« (Nr. 618)

Vielen Dank für Ihre Bereitschaft zu diesem Gespräch, Herr Nietzsche! Ich bin gespannt, wie Sie Ihren – verzeihen Sie, wenn ich sage: bösen Blick auf die Menschen, also auf uns alle, in Ihrem Buch begründen.

(Die Fragen stellte Norbert Tholen; Nietzsches Antworten sind Aphorismen aus seinem Buch ›Menschliches, Allzumenschliches‹ von 1878.)

METAPHYSIK

1.

Chemie der Begriffe und Empfindungen. – Die philosophischen Probleme nehmen jetzt wieder fast in allen Stücken dieselbe Form der Frage an, wie vor zweitausend Jahren: wie kann Etwas aus seinem Gegensatz entstehen, zum Beispiel Vernünftiges aus Vernunftlosem, Empfindendes aus Todtem, Logik aus Unlogik, interesseloses Anschauen aus begehrlichem Wollen, Leben für Andere aus Egoismus, Wahrheit aus Irrthümern? Die metaphysische Philosophie half sich bisher über diese Schwierigkeit hinweg, insofern sie die Entstehung des Einen aus dem Andern leugnete und für die höher gewertheten Dinge einen Wunder-Ursprung annahm, unmittelbar aus dem Kern und Wesen des »Dinges an sich« heraus. Die historische Philosophie dagegen, welche gar nicht mehr getrennt von der Naturwissenschaft zu denken ist, die allerjüngste aller philosophischen Methoden, ermittelte in einzelnen Fällen (und vermuthlich wird diess in allen ihr Ergebniss sein), dass es keine Gegensätze sind, ausser in der gewohnten Übertreibung der populären oder metaphysischen Auffassung und dass ein Irrthum der Vernunft dieser Gegenüberstellung zu Grunde liegt: nach ihrer Erklärung giebt es, streng gefasst, weder ein unegoistisches Handeln, noch ein völlig interesseloses Anschauen, es sind beides nur Sublimirungen, bei denen das Grundelement fast verflüchtigt erscheint und nur noch für die feinste Beobachtung sich als vorhanden erweist. – Alles, was wir brauchen und was erst bei der gegenwärtigen Höhe der einzelnen Wissenschaften uns gegeben werden kann, ist eine *Chemie* der moralischen, religiösen, ästhetischen Vorstellungen und Empfindungen, ebenso aller jener Regungen, welche wir im Gross- und Kleinverkehr der Cultur und Gesellschaft, ja in der Einsamkeit an uns erleben: wie, wenn diese Chemie mit dem Ergebniss abschlösse, dass auch auf diesem Gebiete die herrlichsten Farben aus niedrigen, ja verachteten Stoffen gewonnen sind? Werden Viele Lust haben, solchen Untersuchungen zu folgen? Die Menschheit liebt es, die Fragen über Herkunft und

Anfänge sich aus dem Sinn zu schlagen: muss man nicht fast entmenscht sein, um den entgegengesetzten Hang in sich zu spüren? –

Erläuterungen zum Text

Gegensatz: Daß alles aus seinem Gegensatz entsteht, womit die Gegensätze letztlich aufgehoben sind, hat der griechische Philosoph Heraklit gelehrt.
metaphysisch: Bezeichnung für ein philosophisches Denken, das eine Welt letzter Wesenheiten und Seinsgründe jenseits unserer erfahrbaren Wirklichkeit zu finden sucht (Gott, die Seele, das Gute ...; beachten Sie auch die Aphorismen Nr. 9, 20, 34, 107).
Ding an sich: Mit diesem Begriff bezeichnet Kant das unserer Erkenntnis vorausliegende und damit nicht zugängliche Wesen eines Dings, welches wir immer nur in unseren Anschauungs- und Denkformen erfassen können; es gilt als Beeinträchtigung des Erkenntnisvermögens, nicht die Dinge an sich erfassen zu können. Nietzsche betont demgegenüber das Recht der Lebewesen auf perspektivische, un-sachliche Betrachtung der Welt; er geht sehr frei, eher ironisch mit dem Begriff »Ding an sich« um. (Lesen Sie auch Aphorismus Nr. 18!)
Methode: Die Einsicht der Griechen, daß wir selber unsere Erkenntnisse machen und sie in einem Gedanken*gang* gewinnen, hat sich im Bemühen um die Kenntnis der richtigen Denk*wege*, der Methoden also, niedergeschlagen.
Irrthum der Vernunft: Dieser Irrtum gründet nach Nietzsche darin, daß der Mensch die von ihm gemachten Namen und Begriffe der Dinge für deren wahres bleibendes Wesen gehalten hat. (Siehe Nr. 11)
Sublimirung: Erhöhung, Vergeistigung.
Chemie der ... Vorstellungen und Empfindungen: eine der chemischen Analyse ähnliche Auflösung in elementare Bestandteile.

Verständnisfragen zum Text

1. »Chemie der Begriffe und Empfindungen« ist eine Metapher, also ein bildhafter Ausdruck. Meint Nietzsche damit,
   a) daß man alles naturwissenschaftlich erklären kann?
   b) daß unsere Begriffe und Empfindungen nichts Ursprüngliches sind?
   c) daß man Begriffe auch leichtfertig zerstören kann?

2. Welcher philosophische Begriff entspricht dem Glauben an die ursprüngliche Gegensätzlichkeit der Dinge? Ist es der Begriff
   a) der Substanz?
   b) der Zahl?
   c) des Unendlichen?
   (Lesen Sie, falls Ihnen die Antwort Schwierigkeiten bereitet, den Aphorismus Nr. 18!)

3. In welchem Verhältnis stehen nach Nietzsche die metaphysische und die historische Philosophie? Ist es ein Verhältnis
   a) der Gleichberechtigung?
   b) von Verblendung und Erleuchtung?
   c) von Vorstufe und Stufe?
   (Über Nietzsches Sicht des metaphysischen Denkens und Empfindens können Sie sich in den Aphorismen Nr. 18, 131, 272 informieren.)

4. Wodurch wird unser Wissen wahr? Geschieht es
   a) durch die innere Gewißheit?
   b) durch die Dauer seiner Geltung?
   c) durch die Methode der Erkenntnis?
   (Falls Sie hierzu mehr wissen möchten, sollten Sie die Aphorismen Nr. 633–636 und Nr. 629–632 lesen.)

5. Nietzsche spricht von zwei »Sublimirungen«. Will er hier damit zeigen,
   a) daß die Menschen eigentlich böse sind?

b) daß es Entstehung von etwas aus seinem Gegensatz gibt?

c) daß es eine psychische Entwicklung gibt?

(Wenn Sie weitere Analysen Nietzsches dazu lesen wollen, können Sie sich mit den Aphorismen Nr. 57, 92, 107 auseinandersetzen.)

6. Hat Nietzsche im ersten Aphorismus
   a) das Programm seines Denkens skizziert?
   b) seinen Hauptgedanken bewiesen?
   c) seine Leser an ihre eigenen Einsichten erinnert?

Testen Sie Ihr Verständnis Nietzsches

Setzen Sie jeweils ein passendes Wort ein:

(1) »Im Traume glaubte der Mensch in den Zeitaltern roher uranfänglicher Cultur eine *zweite* ...... Welt kennen zu lernen; hier ist der Ursprung aller Metaphysik.« (Nr. 5)

(2) Es gibt »in allen Philosophien so viel hochfliegende Metaphysik und eine solche Scheu vor den unbedeutend erscheinenden Lösungen der Physik; denn die ...... der Erkenntniss für das Leben *soll* so gross als möglich erscheinen«. (Nr. 6)

(3) Heute noch bringt die höchste Kunst auch bei einem aufgeklärten Denker leicht »ein Miterklingen der lange verstummten, ja zerrissenen metaphysischen Saite« im Menschen hervor. »In solchen Augenblicken wird ...... auf die Probe gestellt.« (Nr. 153)

Lösungen der Verständnisfragen: 1b, 2a, 3c, 4c, 5b, 6a.
Testen Sie Ihr Verständnis Nietzsches: (1) *reale*, (2) Bedeutsamkeit, (3) sein intellectualer Charakter.

TELEOLOGIE

2.

Erbfehler der Philosophen. – Alle Philosophen haben den gemeinsamen Fehler an sich, dass sie vom gegenwärtigen Menschen ausgehen und durch eine Analyse desselben an's Ziel zu kommen meinen. Unwillkürlich schwebt ihnen »der Mensch« als eine aeterna veritas, als ein Gleichbleibendes in allem Strudel, als ein sicheres Maass der Dinge vor. Alles, was der Philosoph über den Menschen aussagt, ist aber im Grunde nicht mehr, als ein Zeugniss über den Menschen eines *sehr beschränkten* Zeitraumes. Mangel an historischem Sinn ist der Erbfehler aller Philosophen; manche sogar nehmen unversehens die allerjüngste Gestaltung des Menschen, wie eine solche unter dem Eindruck bestimmter Religionen, ja bestimmter politischer Ereignisse entstanden ist, als die feste Form, von der man ausgehen müsse. Sie wollen nicht lernen, dass der Mensch geworden ist, dass auch das Erkenntnissvermögen geworden ist; während Einige von ihnen sogar die ganze Welt aus diesem Erkenntnissvermögen sich herausspinnen lassen. – Nun ist alles *Wesentliche* der menschlichen Entwickelung in Urzeiten vor sich gegangen, lange vor jenen vier tausend Jahren, die wir ungefähr kennen; in diesen mag sich der Mensch nicht viel mehr verändert haben. Da sieht aber der Philosoph »Instincte« am gegenwärtigen Menschen und nimmt an, dass diese zu den unveränderlichen Thatsachen des Menschen gehören und insofern einen Schlüssel zum Verständniss der Welt überhaupt abgeben können; die ganze Teleologie ist darauf gebaut, dass man vom Menschen der letzten vier Jahrtausende als von einem *ewigen* redet, zu welchem hin alle Dinge in der Welt von ihrem Anbeginne eine natürliche Richtung haben. Alles aber ist geworden; es giebt *keine ewigen Thatsachen*: sowie es keine absoluten Wahrheiten giebt. – Demnach ist das *historische Philosophiren* von jetzt ab nöthig und mit ihm die Tugend der Bescheidung.

Erläuterungen zum Text

aeterna veritas: »ewige Wahrheit«.
Maass der Dinge: Der griechische Philosoph Protagoras hat gelehrt: »Aller Dinge Maß ist der Mensch«, was er verallgemeinert zu dem Satz: »Sein ist gleich jemandem Erscheinen.« Nietzsche spielt auf den Satz des Protagoras an.
die ganze Welt … sich herausspinnen lassen: Nietzsche spielt auf die Philosophie des deutschen Idealismus an, wo die Welt als Entwurf des Subjekts begriffen worden ist.
4000 Jahre: Heute geht unsere historische Kenntnis weit über die von Nietzsche genannte Zeit der Schriftkulturen hinaus; wir wissen, wie die ersten Bauern und Viehzüchter vor rund 10000 Jahren und die Jäger und Sammler vorher lebten.
Teleologie: Lehre vom zweckmäßigen Aufbau einer Sache bzw. der Welt insgesamt; damit sind dann Vorstellungen von Gott, moralischen Pflichten und einem Sinn des Lebens verbunden. (Lesen Sie dazu die Aphorismen Nr. 28–34!)

Verständnisfragen zum Text

1. Warum darf man nach Nietzsche nicht den gegenwärtigen Menschen als Ausgangspunkt für das Weltverständnis nehmen? Darf man es nicht,
   a) weil man den gegenwärtigen Menschen nicht kennt?
   b) weil man damit noch nicht »den Menschen« kennt?
   c) weil die wichtigen Schritte der Entwicklung noch ausstehen?

2. Wenn alles Wesentliche mit dem Menschen in den Urzeiten vor sich gegangen ist, bedeutet dies,
   a) daß es schon sehr lange Menschen gibt?
   b) daß die Menschheit bald ausstirbt?
   c) daß das Menschliche dem Tierhaften verwandt ist?

3. Werden von den bekämpften »Philosophen« die genannten Instinkte so verstanden,

a) daß sie auf eine sinnvolle Einpassung des Menschen in die Natur hinweisen?
b) daß sie für das Überleben wichtig sind?
c) daß sie noch nicht ganz überwunden sind?

4. Ist mit der von Nietzsche abgelehnten »Teleologie« gemeint,
a) daß der Mensch ein Teil der Natur ist?
b) daß der Mensch kein Teil der Natur ist?
c) daß der Mensch Ziel und Krone der Schöpfung ist?

5. Wenn das historische Philosophieren nötig ist, bedeutet dies,
a) daß man nicht mehr von »dem Menschen« sprechen kann?
b) daß man erst nach historischen Studien von dem Menschen sprechen sollte?
c) daß nur ausgebildete Historiker philosophieren können?
(Zu welchen Einsichten das historische Philosophieren führt, können Sie in Nr. 18 oder 39 nachlesen. Wieso das historische Philosophieren zur Bescheidung führt, zeigt Nietzsche in Aphorismus Nr. 3 sowie in Nr. 34.)

6. Ist der Hauptgedanke des Aphorismus ein Argument
a) für historische Untersuchungen?
b) für die Suche nach einem neuen Maßstab?
c) gegen die leichtfertige Verwendung von Begriffen?
(Nietzsche führt hier nicht aus, was es bedeutet, »dass auch das Erkenntnissvermögen geworden ist«. Möchten Sie wissen, was Nietzsche dazu gesagt hat? Dann lesen Sie bitte Aphorismus Nr. 18.)

Testen Sie Ihr Verständnis Nietzsches

Was Nietzsche hier unter dem Stichwort »Teleologie« diskutiert, wird auch mit den Begriffen »Zweck« und »Naturgesetz« gedacht und unter dem Begriff des Perspektivischen verstanden.

Setzen Sie jeweils ein passendes Wort ein:

(4) Durch die Lehre vom Zweck des Daseins hat der Mensch ein neues Bedürfnis bekommen und ist »zu einem …… Thiere geworden, welches eine Existenz-Bedingung mehr, als jedes andre Thier zu erfüllen hat: der Mensch *muss* von Zeit zu Zeit glauben, zu wissen, *warum* er existirt«. (Die Fröhliche Wissenschaft, Nr. 1)

(5) »Hüten wir uns schon davor, zu glauben, dass das All eine Maschine sei; es ist gewiß nicht …… construirt, wir thun ihm mit dem Wort ›Maschine‹ eine viel zu hohe Ehre an.« (Die Fröhliche Wissenschaft, Nr. 109)

(6) »Ist das ›Ziel‹, der ›Zweck‹ nicht oft genug nur …… , eine nachträgliche Selbstverblendung der Eitelkeit, die es nicht Wort haben will, daß das Schiff der Strömung *folgt*, in die es zufällig gerathen ist?« (Die Fröhliche Wissenschaft, Nr. 360)

Lösungen der Verständnisfragen: 1b, 2c, 3a, 4c, 5a, 6c.
Testen Sie Ihr Verständnis Nietzsches: (4) phantastischen, (5) auf Ein Ziel, (6) ein beschönigender Vorwand.

LOGIK DES TRAUMES

13.

Logik des Traumes. – Im Schlafe ist fortwährend unser Nervensystem durch mannichfache innere Anlässe in Erregung, fast alle Organe secerniren und sind in Thätigkeit, das Blut macht seinen ungestümen Kreislauf, die Lage des Schlafenden drückt einzelne Glieder, seine Decken beeinflussen die Empfindung verschiedenartig, der Magen verdaut und beunruhigt mit seinen Bewegungen andere Organe, die Gedärme winden sich, die Stellung des Kopfes bringt ungewöhnliche Muskellagen mit sich, die Füsse, unbeschuht, nicht mit den Sohlen den Boden drückend, verursachen das Gefühl des Ungewöhnlichen ebenso wie die andersartige Bekleidung des ganzen Körpers, – alles diess nach seinem täglichen Wechsel und Grade erregt durch seine Aussergewöhnlichkeit das gesammte System bis in die Gehirnfunction hinein: und so giebt es hundert Anlässe für den Geist, um sich zu verwundern und nach *Gründen* dieser Erregung zu suchen: der Traum aber ist das *Suchen und Vorstellen der Ursachen* für jene erregten Empfindungen, das heisst der vermeintlichen Ursachen. Wer zum Beispiel seine Füsse mit zwei Riemen umgürtet, träumt wohl, dass zwei Schlangen seine Füsse umringeln: diess ist zuerst eine Hypothese, sodann ein Glaube, mit einer begleitenden bildlichen Vorstellung und Ausdichtung: »diese Schlangen müssen die causa jener Empfindung sein, welche ich, der Schlafende, habe«, – so urtheilt der Geist des Schlafenden. Die so erschlossene nächste Vergangenheit wird durch die erregte Phantasie ihm zur Gegenwart. So weiss Jeder aus Erfahrung, wie schnell der Träumende einen starken an ihn dringenden Ton, zum Beispiel Glockenläuten, Kanonenschüsse in seinen Traum verflicht, das heisst aus ihm *hinterdrein* erklärt, so dass er zuerst die veranlassenden Umstände, dann jenen Ton zu erleben *meint.* – Wie kommt es aber, dass der Geist des Träumenden immer so fehl greift, während der selbe Geist im Wachen so nüchtern, behutsam und in Bezug auf Hypothesen so skeptisch zu sein pflegt? so dass ihm die erste beste Hypothese zur Erklärung eines

Gefühls genügt, um sofort an ihre Wahrheit zu glauben? (denn wir glauben im Traume an den Traum, als sei er Realität, das heisst wir halten unsre Hypothese für völlig erwiesen). – Ich meine: wie jetzt noch der Mensch im Traume schliesst, so schloss die Menschheit *auch im Wachen* viele Jahrtausende hindurch: die erste causa, die dem Geiste einfiel, um irgend Etwas, das der Erklärung bedurfte, zu erklären, genügte ihm und galt als Wahrheit. (So verfahren nach den Erzählungen der Reisenden die Wilden heute noch.) Im Traum übt sich dieses uralte Stück Menschenthum in uns fort, denn es ist die Grundlage, auf der die höhere Vernunft sich entwickelte und in jedem Menschen sich noch entwickelt: der Traum bringt uns in ferne Zustände der menschlichen Cultur wieder zurück und giebt ein Mittel an die Hand, sie besser zu verstehen. Das Traumdenken wird uns jetzt so leicht, weil wir in ungeheuren Entwickelungsstrecken der Menschheit gerade auf diese Form des phantastischen und wohlfeilen Erklärens aus dem ersten beliebigen Einfalle heraus so gut eingedrillt worden sind. Insofern ist der Traum eine Erholung für das Gehirn, welches am Tage den strengeren Anforderungen an das Denken zu genügen hat, wie sie von der höheren Cultur gestellt werden. – Einen verwandten Vorgang können wir geradezu als Pforte und Vorhalle des Traumes noch bei wachem Verstande in Augenschein nehmen. Schliessen wir die Augen, so producirt das Gehirn eine Menge von Lichteindrücken und Farben, wahrscheinlich als eine Art Nachspiel und Echo aller jener Lichtwirkungen, welche am Tage auf dasselbe eindringen. Nun verarbeitet aber der Verstand (mit der Phantasie im Bunde) diese an sich formlosen Farbenspiele sofort zu bestimmten Figuren, Gestalten, Landschaften, belebten Gruppen. Der eigentliche Vorgang dabei ist wiederum eine Art Schluss von der Wirkung auf die Ursache; indem der Geist fragt: woher diese Lichteindrücke und Farben, supponirt er als Ursachen jene Figuren, Gestalten: sie gelten ihm als die Veranlassungen jener Farben und Lichter, weil er, am Tage, bei offenen Augen, gewohnt ist, zu jeder Farbe, jedem Lichteindrucke eine veranlassende Ursache zu finden. Hier also schiebt ihm die Phantasie fortwährend Bilder vor, indem sie an die Gesichtseindrücke des Tages sich in ihrer Production anlehnt, und gerade so macht es die Traumphantasie: – das heisst die vermeintliche Ursache wird aus der Wirkung erschlossen und *nach* der Wirkung vorgestellt: alles diess mit ausserordentlicher Schnelligkeit, so dass hier wie beim Taschenspieler eine Verwirrung des Urtheils entstehen und ein Nacheinander sich wie etwas Gleichzeitiges, selbst wie ein umgedrehtes Nacheinander ausnehmen kann. – Wir können aus diesen Vorgängen entnehmen, *wie spät* das schärfere logische Denken, das Strengnehmen von Ursache und Wirkung, entwickelt worden ist, wenn unsere Vernunft- und Verstandesfunctionen *jetzt noch* unwillkürlich nach jenen primitiven Formen des Schliessens zurückgreifen und wir ziemlich die Hälfte unseres Lebens in diesem Zustande leben. – Auch der Dichter, der Künstler *schiebt* seinen Stimmungen und Zuständen Ursachen *unter*, welche durchaus nicht die wahren sind; er erinnert insofern an älteres Menschenthum und kann uns zum Verständnisse desselben verhelfen.

Erläuterungen zum Text

secerniren: (eine Flüssigkeit) absondern.
Hypothese: vorläufige, noch unbewiesene Annahme.
causa: »Ursache«, Grund.
wohlfeil: billig.
supponiren: voraussetzen, unterstellen
primitiv: ursprünglich; unterentwickelt.

Verständnisfragen zum Text

1. Wenn der Traum das Suchen nach Ursachen für die erregten Empfindungen ist, meint Nietzsche dann,
   a) daß die Empfindungen erklärende Bilder hervorrufen?
   b) daß der Mensch selber die erklärenden Bilder schafft?
   c) daß die Bilder sich von selbst als Traum einstellen?

2. Wenn die erschlossene Vergangenheit zur Gegenwart wird, ist damit gesagt,
   a) daß ein Trugschluß vorliegt?
   b) daß ein sehr kühner Schluß vorliegt?
   c) daß gelegentlich die zeitliche Abfolge verwirrt ist?

3. Wie beantwortet Nietzsche seine Frage, wieso der Geist des Träumenden »immer so fehl greift«?
   a) Weiß er selber in Wahrheit die Antwort nicht?
   b) Sieht er den Grund in einer momentanen Verwirrung?
   c) Sieht er den Grund im Aufbau der Vernunft und damit in der Geschichte der Vernunft?

4. Was bedeutet für ihn das Verständnis der Logik des Traumes?
   a) Ist es eine Übung zur geistigen Entspannung?
   b) Ist er am Verständnis des Geheimnisvollen interessiert?
   c) Gewinnt er damit ein Verständnis für früheres metaphysisches Denken?

5. Nietzsche setzt die Traumlogik der Art gleich, wie die Menschen zu denken begonnen haben. Für sein Verständnis dieser Art des Denkens
   a) kann er zwei ähnliche Vorgänge als Beleg anführen.
   b) kann er keine Begründung liefern.
   c) braucht er keine Begründung zu liefern.

6. Worin erblickt Nietzsche hier das schärfere logische Denken,
   a) in der strengen Prüfung von Ursache und Wirkung?
   b) im Verzicht auf diese beiden Begriffe?
   c) im tieferen Verständnis von künstlerischen Werken?

   (In den Aphorismen 145–223 spricht er über Kunst und Künstler, in Nr. 16 und 18 über die Geschichte des Denkens.)

Testen Sie Ihr Verständnis Nietzsches

Setzen Sie jeweils ein passendes Wort ein.

(7) »Also: im Schlaf und Traum machen wir das Pensum …… noch einmal durch.« (Nr. 12)
(8) »Das wache Leben hat nicht diese …… der Interpretation wie das träumende, es ist weniger dichterisch und zügellos, – muss ich aber ausführen, dass unsere Triebe im Wachen ebenfalls nichts Anderes thun, als die Nervenreize interpretiren und nach ihrem Bedürfnisse deren …… ansetzen?« (Morgenröte, Nr. 119)

Lösungen der Verständnisfragen: 1b, 2a, 3c, 4c, 5a, 6a.
Testen Sie Ihr Verständnis Nietzsches: (7) früheren Menschenthums, (8) *Freiheit*, ›Ursachen‹.

SUBSTANZ UND FREIHEIT

18.

Grundfragen der Metaphysik. – Wenn einmal die Entstehungsgeschichte des Denkens geschrieben ist, so wird auch der folgende Satz eines ausgezeichneten Logikers von einem neuen Lichte erhellt dastehen: »Das ursprüngliche allgemeine Gesetz des erkennenden Subjects besteht in der inneren Nothwendigkeit, jeden Gegenstand an sich, in seinem eigenen Wesen als einen mit sich selbst identischen, also selbstexistirenden und im Grunde stets gleichbleibenden und unwandelbaren, kurz als eine Substanz zu erkennen.« Auch dieses Gesetz, welches hier »ursprünglich« genannt wird, ist geworden: es wird einmal gezeigt werden, wie allmählich, in den niederen Organismen, dieser Hang entsteht, wie die blöden Maulwurfsaugen dieser Organisationen zuerst Nichts als immer das Gleiche sehen, wie dann, wenn die verschiedenen Erregungen von Lust und Unlust bemerkbar werden, allmählich verschiedene Substanzen unterschieden werden, aber jede mit Einem Attribut, das heisst einer einzigen Beziehung zu einem solchen Organismus. – Die erste Stufe des Logischen ist das Urtheil; dessen Wesen besteht, nach der Feststellung der besten Logiker, im Glauben. Allem Glauben zu Grunde liegt die *Empfindung des Angenehmen oder Schmerzhaften* in Bezug auf das empfindende Subject. Eine neue dritte Empfindung als Resultat zweier vorangegangenen einzelnen Empfindungen ist das Urtheil in seiner niedrigsten Form. – Uns organische Wesen interessirt ursprünglich Nichts an jedem Dinge, als sein Verhältniss zu uns in Bezug auf Lust und Schmerz. Zwischen den Momenten, in welchen wir uns dieser Beziehung bewusst werden, den Zuständen des Empfindens, liegen solche der Ruhe, des Nichtempfindens: da ist die Welt und jedes Ding für uns interesselos, wir bemerken keine Veränderung an ihm (wie jetzt noch ein heftig Interessirter nicht merkt, dass Jemand an ihm vorbeigeht). Für die Pflanze sind gewöhnlich alle Dinge ruhig, ewig, jedes Ding sich selbst gleich. Aus der Periode der niederen Organismen her ist dem Menschen der Glaube vererbt, dass es *gleiche Dinge* giebt (erst die durch höchste Wissenschaft ausgebildete Erfahrung widerspricht diesem Satze). Der Urglaube alles Organischen von Anfang an ist vielleicht sogar, dass die ganze übrige Welt Eins und unbewegt ist. – Am fernsten liegt für jene Urstufe des Logischen der Gedanke an *Causalität:* ja jetzt noch meinen wir im Grunde, alle Empfindungen und Handlungen seien Acte des freien Willens; wenn das fühlende Individuum sich selbst betrachtet, so hält es jede Empfindung, jede Veränderung für etwas *Isolirtes*, das heisst Unbedingtes, Zusammenhangloses: es taucht aus uns auf, ohne Verbindung mit Früherem oder Späterem. Wir haben Hunger, aber meinen ursprünglich nicht, dass der Organismus erhalten werden will, sondern jenes Gefühl scheint sich *ohne Grund und Zweck* geltend zu machen, es isolirt sich und hält sich für *willkürlich.* Also: der Glaube an die Freiheit des Willens ist ein ursprünglicher Irrthum alles Organischen, so alt, als die Regungen des Logischen in ihm existiren; der Glaube an unbedingte Substanzen und an gleiche Dinge ist ebenfalls ein ursprünglicher, ebenso alter Irrthum alles Organischen. Insofern aber alle Metaphysik sich vornehmlich mit Substanz und Freiheit des Willens abgegeben hat, so darf man sie als die Wissenschaft bezeichnen, welche von den Grundirrthümern des Menschen handelt, doch so, als wären es Grundwahrheiten.

Erläuterungen zum Text

Satz eines Logikers: Zitat aus: Afrikan Spir: Denken und Wirklichkeit. Leipzig ^{2}1877.
Substanz: das bleibende Wesen einer Sache, was sie an sich ist.
blöde: hier noch in der alten Bedeutung »schwach«.
Organisation: hier in der Bedeutung von »Organismus«.
Attribut: eine Eigenschaft, die ein Gegenstand gemäß seinem Wesen (Substanz) haben muß.
Urtheil: In einem Urteil (Satz) wird einem Subjekt eine Eigenschaft (Prädikatbegriff) zugesprochen.
Causalität: Beziehung von Ursache und Wirkung.

Metaphysik: philosophische Lehre von den letzten, die Erfahrung überschreitenden Gründen der Welt.

Verständnisfragen zum Text

1. Mit dem Konditionalsatz »Wenn einmal die Entstehungsgeschichte des Denkens geschrieben ist« greift Nietzsche auf die Zukunft vor. Drückt er damit aus,
   a) daß er das Prinzip kennt, nach dem gegenwärtig Erkenntnis gewonnen wird?
   b) daß er bald diese Entstehungsgeschichte schreiben wird?
   c) daß er selber nicht weiß, was die Zukunft bringt?

2. Wenn gezeigt wird, »wie allmählich, in den niederen Organismen, dieser Hang entsteht«, wird damit die Logik in ihrem Prinzip
   a) als sehr alt und damit bewährt dargestellt?
   b) als unwiderleglich erwiesen?
   c) als Werkzeug der Lebewesen betrachtet?

3. Wenn von den Dingen (Substanzen) ursprünglich nur *ein* Attribut erkannt wurde, wird damit von Nietzsche gesagt,
   a) daß sie ursprünglich nur ein Attribut hatten?
   b) daß das Wichtigste als erstes erkannt wurde?
   c) daß die Lebewesen nur an dem interessiert waren, was für sie wichtig war?

4. Nietzsche sagt: »Uns organische Wesen interessirt ursprünglich Nichts an jedem Dinge, als sein Verhältniss zu uns in Bezug auf Lust und Schmerz.« Drückt er damit aus,
   a) wie interessant die Welt für die Lebewesen ist?
   b) daß auch wir Menschen ursprünglich nicht an Wahrheit interessiert sind?
   c) daß von allen Lebewesen nur der Mensch an Wahrheit interessiert ist?

5. Wie führt Nietzsche die Idee der Gleichheit (Identität) hier auf die Pflanzenexistenz zurück? Tut er dies,
   a) indem er die Lebensweise der Pflanze reflektiert?
   b) indem er den tieferen Sinn der Pflanzen bedenkt?
   c) indem er die ökologische Bedeutung der Pflanzen beachtet?

   (Im Aphorismus 111 von ›Die Fröhliche Wissenschaft‹, 1881, bringt er eine andere Erklärung der Idee der Gleichheit vor.)

6. Wird der Wechsel von Interesse und Desinteresse der Lebewesen hier von Nietzsche benutzt,
   a) um Schwankungen des Erkennens zu erklären?
   b) um die Idee der Willensfreiheit zu erklären?
   c) um die Instabilität der Welt zu erklären?

   (In Nr. 39 und 107 finden Sie weitere Überlegungen zum Problem.)

7. Nietzsche wiederholt zum Schluß sein Wort vom »Irrthum alles Organischen«. Sagt er mit diesem Wort,
   a) daß Lebewesen nicht denken können?
   b) daß ihnen beim Denken regelmäßig Fehler unterlaufen?
   c) daß die gefühlsmäßigen Regungen der Lebewesen unbemerkt ein Eigenleben angenommen haben?

Testen Sie Ihr Verständnis Nietzsches

Setzen Sie jeweils ein passendes Wort ein:

(9) Auch in der Lehre von den Atomen (unter)scheiden wir »mit unserer Empfindung Bewegendes und Bewegtes und kommen aus diesem Zirkel nicht heraus, weil der Glaube an ...... mit unserem Wesen von Alters her verknotet ist«. (Nr. 19)

(10) »Alles aber ist geworden; es gibt *keine ewigen* ......: sowie es keine absoluten Wahrheiten gibt.« (Nr. 2)

(11) »Der Glaube an die Freiheit des Willens, das heisst der *gleichen* Facten und der *isolirten* Facten, – hat in …… seinen beständigen Evangelisten und Anwalt.« (Der Wanderer und sein Schatten, Nr. 11)

Lösungen der Verständnisfragen: 1a, 2c, 3c, 4b, 5a, 6b, 7c. Testen Sie Ihr Verständnis Nietzsches: (9) Dinge, (10) *Thatsachen*, (11) der Sprache.

WELTBEJAHUNG UND -VERNEINUNG

28.

Verrufene Worte. – Weg mit den bis zum Ueberdruss verbrauchten Wörtern Optimismus und Pessimismus! Denn der Anlass, sie zu gebrauchen, fehlt von Tag zu Tage mehr: nur die Schwätzer haben sie jetzt noch so unumgänglich nöthig. Denn weshalb in aller Welt sollte Jemand Optimist sein wollen, wenn er nicht einen Gott zu vertheidigen hat, welcher die beste der Welten geschaffen haben *muss*, falls er selber das Gute und Vollkommene ist, – welcher Denkende hat aber die Hypothese eines Gottes noch nöthig? – Es fehlt aber auch jeder Anlass zu einem pessimistischen Glaubensbekenntniss, wenn man nicht ein Interesse daran hat, den Advocaten Gottes, den Theologen oder den theologisirenden Philosophen ärgerlich zu werden und die Gegenbehauptung kräftig aufzustellen: dass das Böse regiere, dass die Unlust grösser sei, als die Lust, dass die Welt ein Machwerk, die Erscheinung eines bösen Willens zum Leben sei. Wer aber kümmert sich jetzt noch um die Theologen – ausser den Theologen? – Abgesehen von aller Theologie und ihrer Bekämpfung liegt es auf der Hand, dass die Welt nicht gut und nicht böse, geschweige denn die beste oder die schlechteste ist, und dass diese Begriffe »gut« und »böse« nur in Bezug auf Menschen Sinn haben, ja vielleicht selbst hier, in der Weise, wie sie gewöhnlich gebraucht werden, nicht berechtigt sind: der schimpfenden und verherrlichenden Weltbetrachtung müssen wir uns in jedem Falle entschlagen.

29.

Vom Dufte der Blüthen berauscht. – Das Schiff der Menschheit, meint man, hat einen immer stärkeren Tiefgang, je mehr es belastet wird; man glaubt, je tiefer der Mensch denkt, je zarter er fühlt, je höher er sich schätzt, je weiter seine Entfernung von den anderen Thieren wird, – je mehr er als das Genie unter den Thieren erscheint, – um so näher werde er dem wirklichen Wesen der Welt und deren Erkenntniss kommen: diess thut er auch wirklich durch die Wissenschaft, aber er *meint* diess noch mehr durch seine Religionen und Künste zu thun. Diese sind zwar eine Blüthe der Welt, aber durchaus nicht *der Wurzel der Welt näher*, als der Stengel ist: man kann aus ihnen das Wesen der Dinge gerade gar nicht besser verstehen, obschon diess fast Jedermann glaubt. *Der Irrthum* hat den Menschen so tief, zart, erfinderisch gemacht, eine solche Blüthe, wie Religionen und Künste, herauszutreiben. Das reine Erkennen wäre dazu ausser Stande gewesen. Wer uns das Wesen der Welt enthüllte, würde uns Allen die unangenehmste Enttäuschung machen. Nicht die Welt als Ding an sich, sondern die Welt als Vorstellung (als Irrthum) ist so bedeutungsreich, tief, wundervoll, Glück und Unglück im Schoosse tragend. Diess Resultat führt zu einer Philosophie der *logischen Weltverneinung*: welche übrigens sich mit einer praktischen Weltbejahung ebensogut wie mit deren Gegentheile vereinigen lässt.

Erläuterungen zum Text

die beste der Welten: Wenn man an einen Gott glaubt, der gleichzeitig gut und allmächtig ist, taucht die Frage auf, wie er zulassen kann, daß unschuldige Menschen leiden. Diese Frage, von Leibniz 1710 das Problem der Theodizee genannt, wurde von ihm so beantwortet, daß Gott die beste aller überhaupt möglichen Welten geschaffen habe.
Hypothese: unbewiesene vorläufige Annahme.
Advocat: Anwalt. Dem Begriff liegt die Vorstellung zugrunde, es gebe einen Rechtsstreit um Gottes Recht bzw. seine Existenz.
theologisirend: Theologie betreibend.
ein Machwerk: In der Antike gab es eine religiöse Bewegung (»Gnosis«), welche die Welt für das Machwerk böser Mächte hielt, das zu durchschauen und zu überwinden (zerstören) war.

Verständnisfragen zum Text

1. Fehlt uns nach Nietzsche der Anlaß zu Optimismus und Pessimismus,
   a) weil wir besser mit einem Urteil noch warten?
   b) weil unsere persönliche Meinung nicht maßgeblich ist?
   c) weil niemand die Welt planvoll regiert?
   (Die Begründung dieser Annahme finden Sie in Nr. 13 und 18 sowie in Nr. 108 ff.)

2. Will Nietzsche mit dem Bild vom Schiff ausdrücken,
   a) daß Tiefgang etwas Gutes ist?
   b) daß Tiefgang auch schlecht sein kann?
   c) daß Tiefgang für sichere Fahrt unbedingt nötig ist?

3. Wenn Nietzsche Religion und Kunst hier als Blüte bezeichnet, will er damit sagen,
   a) daß sie schön sind, der Steigerung des Erlebens dienen können?
   b) daß sie weitere Früchte hervorbringen werden?
   c) daß sie weit von der Erde entfernt sind?

4. Wenn er für eine logische Weltverneinung plädiert, will er damit
   a) einen allzu großen Optimismus bremsen?
   b) ein Gegengewicht gegen optimistische Schönfärberei setzen?
   c) die Konsequenz daraus ziehen, daß Religion und Metaphysik auf einem Irrtum beruhen?

5. Wie verträgt sich diese Weltverneinung mit einer praktischen Weltbejahung?
   a) Ist Bejahung die innere Konsequenz von Verneinung?
   b) Erklärt Nietzsche dies hier nicht?
   c) Gehen Gegensätze immer ineinander über?
   (In Nr. 34, 107, 292 können Sie mehr zu dieser Frage lesen.)

Testen Sie Ihr Verständnis Nietzsches

Setzen Sie jeweils ein passendes Wort ein:

(12) »Zu den Dingen, welche einen Denker in ...... bringen können, gehört die Erkenntniss, dass das Unlogische für den Menschen nöthig ist, und dass aus dem Unlogischen vieles Gute entsteht.« (Nr. 31)

(13) »Vielleicht wird aus alledem folgen, dass man gar nicht urtheilen sollte; wenn man aber nur ...... könnte, ohne abzuschätzen, ohne Abneigung und Zuneigung zu haben!« (Nr. 32)

(14) Die Überwindung der Metaphysik ist die höchste Stufe der befreienden Erkenntnis, von der aus man sich befreit der Erde zuwenden kann; man soll »über die letzte Sprosse der Leiter wohl hinausschauen, aber nicht auf ihr ...... wollen«. (Nr. 20)

Lösungen der Verständnisfragen: 1c, 2b, 3a, 4c, 5b.
Testen Sie Ihr Verständnis Nietzsches: (12) Verzweifelung, (13) *leben*, (14) stehen.

KONSEQUENZEN ZIEHEN

34.

Zur Beruhigung. – Aber wird so unsere Philosophie nicht zur Tragödie? Wird die Wahrheit nicht dem Leben, dem Besseren feindlich? Eine Frage scheint uns die Zunge zu beschweren und doch nicht laut werden zu wollen: ob man bewusst in der Unwahrheit bleiben *könne*? oder, wenn man diess *müsse*, ob da nicht der Tod vorzuziehen sei? Denn ein Sollen giebt es nicht mehr; die Moral, insofern sie ein Sollen war, ist ja durch unsere Betrachtungsart ebenso vernichtet wie die Religion. Die Erkenntniss kann als Motive nur Lust und Unlust, Nutzen und Schaden bestehen lassen: wie aber werden diese Motive sich mit dem Sinne für Wahrheit auseinandersetzen? Auch sie berühren sich ja mit Irrthümern (insofern, wie gesagt, Neigung und Abneigung und ihre sehr ungerechten Messungen unsere Lust und Unlust wesentlich bestimmen). Das ganze menschliche Leben ist tief in die Unwahrheit eingesenkt; der Einzelne kann es nicht aus diesem Brunnen herausziehen, ohne dabei seiner Vergangenheit aus tiefstem Grunde gram zu werden, ohne seine gegenwärtigen Motive, wie die der Ehre, ungereimt zu finden und den Leidenschaften, welche zur Zukunft und zu einem Glück in derselben hindrängen, Hohn und Verachtung entgegenzustellen. Ist es wahr, bliebe einzig noch eine Denkweise übrig, welche als persönliches Ergebniss die Verzweifelung, als theoretisches eine Philosophie der Zerstörung nach sich zöge? – Ich glaube, die Entscheidung über die Nachwirkung der Erkenntniss wird durch das *Temperament* eines Menschen gegeben: ich könnte mir eben so gut, wie jene geschilderte und bei einzelnen Naturen mögliche Nachwirkung, eine andere denken, vermöge deren ein viel einfacheres, von Affecten reineres Leben entstünde, als das jetzige ist: so dass zuerst zwar die alten Motive des heftigeren Begehrens noch Kraft hätten, aus alter vererbter Gewöhnung her, allmählich aber unter dem Einflusse der reinigenden Erkenntniss schwächer würden. Man lebte zuletzt unter den Menschen und mit sich wie in der *Natur*, ohne Lob, Vorwürfe, Ereiferung, an Vielem sich wie an einem Schauspiel weidend, vor dem man sich bisher nur zu fürchten hatte. Man wäre die Emphasis los und würde die Anstachelung des Gedankens, dass man nicht nur Natur oder mehr als Natur sei, nicht weiter empfinden. Freilich gehörte hierzu, wie gesagt, ein gutes Temperament, eine gefestete, milde und im Grunde frohsinnige Seele, eine Stimmung, welche nicht vor Tücken und plötzlichen Ausbrüchen auf der Hut zu sein brauchte und in ihren Aeusserungen Nichts von dem knurrenden Tone und der Verbissenheit an sich trüge, – jenen bekannten lästigen Eigenschaften alter Hunde und Menschen, die lange an der Kette gelegen haben. Vielmehr muss ein Mensch, von dem in solchem Maasse die gewöhnlichen Fesseln des Lebens abgefallen sind, dass er nur deshalb weiter lebt, um immer besser zu erkennen, auf Vieles, ja fast auf Alles, was bei den anderen Menschen Werth hat, ohne Neid und Verdruss verzichten können, ihm muss als der wünschenswertheste Zustand jenes freie, furchtlose Schweben über Menschen, Sitten, Gesetzen und den herkömmlichen Schätzungen der Dinge *genügen.* Die Freude an diesem Zustande theilt er gerne mit und er *hat* vielleicht nichts Anderes mitzutheilen, – worin freilich eine Entbehrung, eine Entsagung mehr liegt. Will man aber trotzdem mehr von ihm, so wird er mit wohlwollendem Kopfschütteln auf seinen Bruder hinweisen, den freien Menschen der That, und vielleicht ein Wenig Spott nicht verhehlen: denn mit dessen »Freiheit« hat es eine eigene Bewandtniss.

Erläuterungen zum Text

Mit diesem Aphorismus schließt Nietzsche das erste Hauptstück des Buches, das ›Von den ersten und letzten Dingen‹ überschrieben ist, ab; er knüpft unmittelbar an die in Nr. 28 und 29 begonnenen Überlegungen an, setzt aber auch die früheren Gedanken fort.

Moral ist vernichtet: Lesen Sie dazu Aphorismus Nr. 18 (und 1)!
Motive (des Handelns): Lesen Sie dazu Aphorismus Nr. 18!
Affekt: Gemütsbewegung, heftige Erregung.
Emphasis: Nachdruck (im Reden).

Verständnisfragen zum Text

1. Sind die auf Neigung und Abneigung beruhenden Messungen »ungerecht«, weil
   a) sie am eigenen Nutzen orientiert, also parteiisch sind?
   b) sie sich bewußt über Gesetze hinwegsetzen?
   c) darin die Folgen des Handelns nicht bedacht werden?

2. Wenn man sich an vielem wie an einem Schauspiel weidet,
   a) hat man dann seinen Sinn für Kunst entdeckt?
   b) sucht man dann die Gemeinschaft der anderen Zuschauer?
   c) löst man sich dann aus unsinnigen Verstrickungen?

3. Ist nach Nietzsche »jenes freie, furchtlose Schweben«
   a) nichts als Gewinn für den Erkennenden?
   b) sowohl Gewinn wie auch Verlust?
   c) primär ein Verlust, als Gewinn getarnt?

Testen Sie Ihr Verständnis Nietzsches

Setzen Sie jeweils ein passendes Wort ein:

(15) »Der Irrthum hat aus Thieren Menschen gemacht; sollte ...... im Stande sein, aus dem Menschen wieder ein Thier zu machen?« (Nr. 519)
(16) »Wer vom Herkömmlichen abweicht, ist ...... des Aussergewöhnlichen; wer im Herkömmlichen bleibt, ist der Sclave desselben. Zu Grunde gerichtet wird man auf jeden Fall.« (Nr. 552)
(17) Man nimmt »erkennenden Antheil am Leben und Wesen Vieler, indem man sich selber nicht als starres, beständiges, ... behandelt«. (Nr. 618)

Lösungen der Verständnisfragen: 1a, 2c, 3b.
Testen Sie Ihr Verständnis Nietzsches: (15) die Wahrheit, (16) das Opfer, (17) Eines Individuum.

FREIHEIT UND VERANTWORTUNG

39.

Die Fabel von der intelligibelen Freiheit. – Die Geschichte der Empfindungen, vermöge deren wir Jemanden verantwortlich machen, also der sogenannten moralischen Empfindungen verläuft in folgenden Hauptphasen. Zuerst nennt man einzelne Handlungen gut oder böse ohne alle Rücksicht auf deren Motive, sondern allein der nützlichen oder schädlichen Folgen wegen. Bald aber vergisst man die Herkunft dieser Bezeichnungen und wähnt, dass den Handlungen an sich, ohne Rücksicht auf deren Folgen, die Eigenschaft »gut« oder »böse« innewohne: mit demselben Irrthume, nach welchem die Sprache den Stein selber als hart, den Baum selber als grün bezeichnet – also dadurch, dass man, was Wirkung ist, als Ursache fasst. Sodann legt man das Gut- oder Böse-sein in die Motive hinein und betrachtet die Thaten an sich als moralisch zweideutig. Man geht weiter und giebt das Prädicat gut oder böse nicht mehr dem einzelnen Motive, sondern dem ganzen Wesen eines Menschen, aus dem das Motiv, wie die Pflanze aus dem Erdreich, herauswächst. So macht man der Reihe nach den Menschen für seine Wirkungen, dann für seine Handlungen, dann für seine Motive und endlich für sein Wesen verantwortlich. Nun entdeckt man schliesslich, dass auch dieses Wesen nicht verantwortlich sein kann, insofern es ganz und gar nothwendige Folge ist und aus den Elementen und Einflüssen vergangener und gegenwärtiger Dinge concrescirt: also dass der Mensch für Nichts verantwortlich zu machen ist, weder für sein Wesen, noch seine Motive, noch seine Handlungen, noch seine Wirkungen. Damit ist man zur Erkenntnis gelangt, dass die Geschichte der moralischen Empfindungen die Geschichte eines Irrthums, des Irrthums von der Verantwortlichkeit ist: als welcher auf dem Irrthum von der Freiheit des Willens ruht. – Schopenhauer schloss dagegen so: weil gewisse Handlungen *Unmuth* (»Schuldbewusstsein«) nach sich ziehen, so muss es eine Verantwortlichkeit geben; denn zu diesem Unmuth wäre *kein Grund* vorhanden, wenn nicht nur alles Handeln des Menschen mit Nothwendigkeit verliefe –

wie es thatsächlich, und auch nach der Einsicht dieses Philosophen, verläuft –, sondern der Mensch selber mit der selben Nothwendigkeit sein ganzes *Wesen* erlangte, – was Schopenhauer leugnet. Aus der Thatsache jenes Unmuthes glaubt Schopenhauer eine Freiheit beweisen zu können, welche der Mensch irgendwie gehabt haben müsse, zwar nicht in Bezug auf die Handlungen, aber in Bezug auf das Wesen: Freiheit also, so oder so zu *sein*, nicht so oder so zu *handeln*. Aus dem esse, der Sphäre der Freiheit und Verantwortlichkeit, folgt nach seiner Meinung das operari, die Sphäre der strengen Causalität, Nothwendigkeit und Unverantwortlichkeit. Jener Unmuth beziehe sich zwar scheinbar auf das operari – insofern sei er irrthümlich –, in Wahrheit aber auf das esse, welches die That eines freien Willens, die Grundursache der Existenz eines Individuums, sei; der Mensch werde Das, was er werden *wolle*, sein Wollen sei früher, als seine Existenz. – Hier wird der Fehlschluss gemacht, dass aus der Thatsache des Unmuthes die Berechtigung, die vernünftige *Zulässigkeit* dieses Unmuthes geschlossen wird; und von jenem Fehlschluss aus kommt Schopenhauer zu seiner phantastischen Consequenz der sogenannten intelligibelen Freiheit. Aber der Unmuth nach der That braucht gar nicht vernünftig zu sein: ja er ist es gewiss nicht, denn er ruht auf der irrthümlichen Voraussetzung, dass die That eben *nicht* nothwendig hätte erfolgen müssen. Also: weil sich der Mensch für frei hält, nicht aber weil er frei ist, empfindet er Reue und Gewissensbisse. – Ueberdiess ist dieser Unmuth Etwas, das man sich abgewöhnen kann, bei vielen Menschen ist er in Bezug auf Handlungen gar nicht vorhanden, bei welchen viele andere Menschen ihn empfinden. Er ist eine sehr wandelbare, an die Entwickelung der Sitte und Cultur geknüpfte Sache und vielleicht nur in einer verhältnissmässig kurzen Zeit der Weltgeschichte vorhanden. – Niemand ist für seine Thaten verantwortlich, Niemand für sein Wesen; richten ist soviel als ungerecht sein. Diess gilt auch, wenn das Individuum über sich selbst richtet. Der Satz ist so hell wie Sonnenlicht, und doch geht hier Jedermann lieber in den Schatten und die Unwahrheit zurück: aus Furcht vor den Folgen.

Erläuterungen zum Text

Fabel: hier im Sinn von »erlogene Geschichte«
intelligibel: im geistigen Bereich.
concresciren: zusammenwachsen; entstehen, sich bilden.
Schopenhauer: Nietzsche schätzte den deutschen Philosophen Arthur Schopenhauer (1788–1860) längere Zeit sehr; 1874 hat er über ihn einen großen Aufsatz veröffentlicht.
esse: »sein« (im Sinn von »Wesen«).
operari: beschäftigt sein; handeln.
Causalität: Zusammenhang von Ursache und Wirkung.
phantastisch: hier im Sinn von »nur in der Phantasie wirklich«.

Verständnisfragen zum Text

1. Was möchte Nietzsche leisten, indem er die Geschichte der moralischen Empfindungen beschreibt?
   a) Er möchte uns einen historischen Überblick geben.
   b) Er will die Verantwortung der Menschen begründen.
   c) Er will die Verantwortung als nichtig erweisen.
   (Vergleichen Sie zu Nietzsches Idee des historischen Philosophierens die Aphorismen Nr. 1 und 2!)

2. Bezeichnen wir nach Nietzsche den Stein als »hart«,
   a) weil wir uns an ihm so leicht verletzen?
   b) weil er hart ist?
   c) weil alle ihn hart nennen?

3. Der Vergleich mit der Bezeichnung des Steins als »hart« ist wichtig,
   a) weil er etwas Abstraktes anschaulich macht.
   b) weil er die Vertauschung von Ursache und Wirkung zeigt.
   c) weil für Nietzsche gerade Naturbeispiele wichtig sind.

4. Löst Nietzsche den Gedanken der Verantwortung dadurch auf,
   a) daß er das Wesen des Menschen auflöst?
   b) daß er die Verantwortung der Gesellschaft betont?
   c) daß er die Einsicht der Menschen für begrenzt hält?
   (In Nr. 107 finden Sie weitere Überlegungen zum Thema.)

5. Wenn Sie Schopenhauers Gedankengang mit dem Nietzsches vergleichen, stellen Sie dann fest,
   a) daß Schopenhauers Überlegungen in der Geschichte der moralischen Empfindungen überhaupt nicht unterzubringen sind?
   b) daß sie deren Endphase darstellen?
   c) daß sie ein Nachklang griechischer Philosophie sind?

6. Der Grundirrtum Schopenhauers besteht nach Nietzsche
   a) in seinem Optimismus.
   b) in seiner Menschenverachtung.
   c) in seinem Schluß von der bloßen Tatsache auf deren Berechtigung.
   (Diesen Irrtum hat Nietzsche in Aphorismus 30 reflektiert.)

7. Wenn richten »soviel als ungerecht sein« ist, will Nietzsche damit sagen,
   a) daß niemand im strengen Sinn verantwortlich ist?
   b) daß man sich beim Urteil über andere etwas zurückhalten soll?
   c) daß der Richterstand überflüssig ist?

Testen Sie Ihr Verständnis Nietzsches

Setzen Sie jeweils ein passendes Wort ein:

(18) »Solange wir nicht ...... , daß wir irgend wovon abhängen, halten wir uns für unabhängig: ein Fehlschluss, welcher zeigt, wie stolz und ...... der Mensch ist.« (Der Wanderer und sein Schatten, Nr. 10)

(19) »Nun ist der Glaube an die Freiheit des Willens gerade mit der Vorstellung eines beständigen, einartigen, ungetheilten, untheilbaren ...... unverträglich: er setzt voraus, dass *jede einzelne Handlung isolirt und untheilbar* ist; er ist eine *Atomistik* im Bereiche des Wollens und Erkennens.« (Der Wanderer und sein Schatten, Nr. 11)

Lösungen der Verständnisfragen: 1c, 2a, 3b, 4a, 5b, 6c, 7a.
Testen Sie Ihr Verständnis Nietzsches: (18) *fühlen*, herrschsüchtig, (19) Fliessens.

INDIVIDUUM

57.

Moral als Selbstzertheilung des Menschen. – Ein guter Autor, der wirklich das Herz für seine Sache hat, wünscht, dass Jemand komme und ihn selber dadurch vernichte, dass er dieselbe Sache deutlicher darstelle und die in ihr enthaltenen Fragen ohne Rest beantworte. Das liebende Mädchen wünscht, dass sie die hingebende Treue ihrer Liebe an der Untreue des Geliebten bewähren könne. Der Soldat wünscht, dass er für sein siegreiches Vaterland auf dem Schlachtfeld falle: denn in dem Siege seines Vaterlandes siegt sein höchstes Wünschen mit. Die Mutter giebt dem Kinde, was sie sich selber entzieht, Schlaf, die beste Speise, unter Umständen ihre Gesundheit, ihr Vermögen. – Sind das Alles aber unegoistische Zustände? Sind diese Thaten der Moralität *Wunder*, weil sie, nach dem Ausdrucke Schopenhauer's, »unmöglich und doch wirklich« sind? Ist es nicht deutlich, dass in all diesen Fällen der Mensch *Etwas von sich*, einen Gedanken, ein Verlangen, ein Erzeugniss mehr liebt, als *etwas Anderes von sich*, dass er also sein Wesen *zertheilt* und dem einen Theil den anderen zum Opfer bringt? Ist es etwas *wesentlich* Verschiedenes, wenn ein Trotzkopf sagt: »ich will lieber über den Haufen geschossen werden, als diesem Menschen da einen Schritt aus dem Wege gehn?« – Die *Neigung zu Etwas* (Wunsch, Trieb, Verlangen) ist in allen genannten Fällen vorhanden; ihr nachzugeben, mit allen Folgen, ist jedenfalls nicht »unegoistisch«. – In der Moral behandelt sich der Mensch nicht als individuum, sondern als dividuum.

Erläuterungen zum Text

Wir stoßen hier auf ein zentrales Motiv im Denken Nietzsches, was sich in vielen Themen bei ihm entfaltet (Nr. 39, 41, 268, 272, 292, 632, 637) und seinem Programm eines historischen Philosophierens (Nr. 2) entspricht.

individuum: »das Ungeteilte«; Bezeichnung für den Menschen als eigenständige »Substanz«, die über Einsicht und Willen verfügt.
dividuum: »das Geteilte«, Gegenteil von individuum.

Verständnisfragen zum Text

1. Was sollen die zu Beginn genannten Beispiele zeigen,
   a) ein dummes Handeln?
   b) ein normales Handeln?
   c) ein wahrhaft moralisches Handeln?

2. Indem Nietzsche die Beispiele zergliedert, zeigt er damit,
   a) daß dort in Wahrheit eine Form von Egoismus vorliegt?
   b) daß es dieses Handeln nicht gibt?
   c) daß er solche Handlungen nicht schätzt?

3. Wenn Nietzsche den Menschen im Wortspiel als »dividuum« bezeichnet, will er damit
   a) eine neue Theorie begründen?
   b) den Schein der Selbstlosigkeit zerstören?
   c) zeigen, daß wir alle so handeln sollten?

Testen Sie Ihr Verständnis Nietzsches

Setzen Sie jeweils ein passendes Wort ein:

(20) »In diesem Sinne redet man vom moralischen Gefühle, vom religiösen Gefühle, wie als ob diess lauter ...... seien: in Wahrheit sind sie Ströme mit hundert Quellen und Zuflüssen«. (Nr. 14)
(21) »In Betreff der Erkenntniss ist vielleicht die nützlichste Errungenschaft: dass der Glaube an die unsterbliche Seele aufgegeben ist. Jetzt darf die Menschheit ...... , jetzt hat sie nicht mehr nöthig, sich zu überstürzen und halbgeprüfte Gedanken hinunterzuwürgen, wie sie ehedem musste.« (Morgenröte, Nr. 501)

(22) Das Glück des »Historikers« besteht darin, »nicht ......, sondern *viele sterbliche Seelen* in sich zu beherbergen«. (Vermischte Meinungen und Sprüche, Nr. 17)

Lösungen der Verständnisfragen: 1c, 2a, 3b.
Testen Sie Ihr Verständnis Nietzsches: (20) Einheiten, (21) warten, (22) ›Eine unsterbliche Seele‹.

GERECHTIGKEIT

92.

Ursprung der Gerechtigkeit. – Die Gerechtigkeit (Billigkeit) nimmt ihren Ursprung unter ungefähr *gleich Mächtigen*, wie diess Thukydides (in dem furchtbaren Gespräche der athenischen und melischen Gesandten) richtig begriffen hat; wo es keine deutlich erkennbare Uebergewalt giebt und ein Kampf zum erfolglosen, gegenseitigen Schädigen würde, da entsteht der Gedanke sich zu verständigen und über die beiderseitigen Ansprüche zu verhandeln: der Charakter des *Tausches* ist der anfängliche Charakter der Gerechtigkeit. Jeder stellt den Andern zufrieden, indem Jeder bekommt, was er mehr schätzt als der Andere. Man giebt Jedem, was er haben will als das nunmehr Seinige, und empfängt dagegen das Gewünschte. Gerechtigkeit ist also Vergeltung und Austausch unter der Voraussetzung einer ungefähr gleichen Machtstellung: so gehört ursprünglich die Rache in den Bereich der Gerechtigkeit, sie ist ein Austausch. Ebenso die Dankbarkeit. – Gerechtigkeit geht natürlich auf den Gesichtspunct einer einsichtigen Selbsterhaltung zurück, also auf den Egoismus jener Ueberlegung: »wozu sollte ich mich nutzlos schädigen und mein Ziel vielleicht doch nicht erreichen?« – Soviel vom *Ursprung* der Gerechtigkeit. Dadurch, dass die Menschen, ihrer intellectuellen Gewohnheit gemäss, den ursprünglichen Zweck sogenannter gerechter, billiger Handlungen *vergessen* haben und namentlich weil durch Jahrtausende hindurch die Kinder angelernt worden sind, solche Handlungen zu bewundern und nachzuahmen, ist allmählich der Anschein entstanden, als sei eine gerechte Handlung eine unegoistische: auf diesem Anschein aber beruht die hohe Schätzung derselben, welche überdiess, wie alle Schätzungen, fortwährend noch im Wachsen ist: denn etwas Hochgeschätztes wird mit Aufopferung erstrebt, nachgeahmt, vervielfältigt und wächst dadurch, dass der Werth der aufgewandten Mühe und Beeiferung von jedem Einzelnen noch zum Werthe des geschätzten Dinges hinzugeschlagen wird. – Wie wenig moralisch sähe die Welt ohne die Vergesslichkeit aus! Ein

Dichter könnte sagen, dass Gott die Vergesslichkeit als Thürhüterin an die Tempelschwelle der Menschenwürde hingelagert habe.

Erläuterungen zum Text

Billigkeit: Wenn man im Hinblick auf die Besonderheit eines Einzelfalls von dem, was normalerweise gerecht ist, abweichen zu dürfen meint und jemand mehr zubilligt, als üblich ist, handelt man billig oder gemäß der Billigkeit.
Thukydides: griechischer Historiker (ca. 460–400 v. Chr.), der die ›Geschichte des Peloponnesischen Krieges‹ geschrieben hat; die Eroberung von Melos durch die Athener in diesem Krieg (431–404 v. Chr.) und den genannten Dialog der Besiegten mit den Siegern hat Thukydides als Ereignisse des 16. Kriegsjahrs berichtet.

Verständnisfragen zum Text

1. Wenn Nietzsche den »Charakter des Tausches« als Ursprung der Gerechtigkeit ermittelt, hat er dann
   a) die Gerechtigkeit moralisch begründet?
   b) Gerechtigkeit als zunächst vormoralisch dargetan?
   c) die Gerechtigkeit als überflüssig erwiesen?
   (Zur Bedeutung des historischen Philosophierens äußert er sich in Nr. 1 und 2.)

2. Warum ist für ihn wichtig, daß die Menschen den ursprünglichen Zweck der Gerechtigkeit vergessen haben?
   a) Kann er so sein überlegenes Wissen zeigen?
   b) Kann er nur so seine Theorie rechtfertigen?
   c) Kritisiert er damit die geistige Schwäche der Menschen?

3. Wenn er metaphorisch die Vergeßlichkeit als »Thürhüterin an die Tempelschwelle der Menschenwürde« postiert, hat er damit

a) die Menschenwürde abgewertet, entlarvt?
b) die Vergeßlichkeit aufgewertet?
c) beiden eine religiöse Weihe verliehen?

Testen Sie Ihr Verständnis Nietzsches

Setzen Sie jeweils ein passendes Wort ein:

(23) »Das *Recht* geht ursprünglich *so weit*, als Einer dem Andern werthvoll, wesentlich, unverlierbar, unbesiegbar und dergleichen …… .« (Nr. 93)
(24) »Weder Strafe noch Lohn sind Etwas, das Einem als das *Seine* zukommt; sie werden ihm …… gegeben, ohne dass er mit Gerechtigkeit Anspruch auf sie zu erheben hätte.« (Nr. 105)
(25) »Nicht gewaltsame neue Vertheilungen, sondern allmähliche Umschaffungen des Sinnes thun noth, die …… muss in Allen grösser werden, der gewaltthätige Instinct schwächer.« (Nr. 452)

Lösungen der Verständnisfragen: 1b, 2b, 3a.
Testen Sie Ihr Verständnis Nietzsches: (23) *erscheint*, (24) aus Nützlichkeitsgründen, (25) Gerechtigkeit.

NEUE MORAL

94.

Die drei Phasen der bisherigen Moralität. – Es ist das erste Zeichen, dass das Thier Mensch geworden ist, wenn sein Handeln nicht mehr auf das augenblickliche Wohlbefinden, sondern auf das dauernde sich bezieht, dass der Mensch also *nützlich, zweckmässig* wird: da bricht zuerst die freie Herrschaft der Vernunft heraus. Eine noch höhere Stufe ist erreicht, wenn er nach dem Princip der *Ehre* handelt; vermöge desselben ordnet er sich ein, unterwirft sich gemeinsamen Empfindungen, und das erhebt ihn hoch über die Phase, in der nur die persönlich verstandene Nützlichkeit ihn leitete: er achtet und will geachtet werden, das heisst: er begreift den Nutzen als abhängig von dem, was er über Andere, was Andere über ihn meinen. Endlich handelt er, auf der höchsten Stufe der *bisherigen* Moralität nach *seinem* Maassstab über die Dinge und Menschen, er selber bestimmt für sich und Andere, was ehrenvoll, was nützlich ist; er ist zum Gesetzgeber der Meinungen geworden, gemäss dem immer höher entwickelten Begriff des Nützlichen und Ehrenhaften. Die Erkenntnis befähigt ihn, das Nützlichste, das heisst den allgemeinen dauernden Nutzen dem persönlichen, die ehrende Anerkennung von allgemeiner dauernder Geltung der momentanen voranzustellen; er lebt und handelt als Collectiv-Individuum.

95.

Moral des reifen Individuums. – Man hat bisher als das eigentliche Kennzeichen der moralischen Handlung das Unpersönliche angesehen; und es ist nachgewiesen, dass zu Anfang die Rücksicht auf den allgemeinen Nutzen es war, derentwegen man alle unpersönlichen Handlungen lobte und auszeichnete. Sollte nicht eine bedeutende Umwandelung dieser Ansichten bevorstehen, jetzt wo immer besser eingesehen wird, dass gerade in der möglichst *persönlichen* Rücksicht auch der Nutzen für das Allgemeine am grössten ist: so dass gerade das streng persönliche Handeln dem jetzigen Begriff der Moralität (als einer allgemeinen Nützlichkeit) entspricht? Aus sich eine ganze *Person* machen und in Allem, was man thut, deren *höchstes Wohl* in's Auge fassen – das bringt weiter, als jene mitleidigen Regungen und Handlungen zu Gunsten Anderer. Wir Alle leiden freilich noch immer an der allzugeringen Beachtung des Persönlichen an uns, es ist schlecht ausgebildet, – gestehen wir es uns ein: man hat vielmehr unsern Sinn gewaltsam von ihm abgezogen und dem Staate, der Wissenschaft, dem Hülfebedürftigen zum Opfer angeboten, wie als ob es das Schlechte wäre, das geopfert werden müsste. Auch jetzt wollen wir für unsere Mitmenschen arbeiten, aber nur so weit, als wir unsern eigenen höchsten Vortheil in dieser Arbeit finden, nicht mehr, nicht weniger. Es kommt nur darauf an, was man als *seinen Vortheil* versteht; gerade das unreife, unentwickelte, rohe Individuum wird ihn auch am rohesten verstehen.

Erläuterungen zum Text

Wenn Sie die Aphorismen Nr. 18, 34, 39, 57 gelesen haben, werden Sie erkennen, wie schwierig es ist, eine neue Moral zu finden, wenn die alte so gründlich entlarvt ist. Nietzsche hat viele Anläufe genommen, um dieses Problem zu lösen; nach den Aphorismen Nr. 94 und 95 sollten Sie Nr. 107 lesen.

Phase: Abschnitt einer Entwicklung.
Moralität: Sittlichkeit.
Collectiv-Individuum: Das neue Wort bezeichnet etwas in sich Unmögliches; man muß es aus dem Gedankengang verstehen: völlig auf das Kollektiv bezogenes Individuum.

Verständnisfragen zum Text

1. Wenn man sich am künftigen Wohlbefinden orientiert, ist das deshalb vernünftig,
   a) weil man damit zweckmäßig handelt, also etwas als Mittel für ein späteres Ziel einsetzt?

b) weil man dabei nicht überstürzt handelt?
c) weil man überhaupt aufs Wohlbefinden achtet?

2. Ist das Prinzip der Ehre das Grundprinzip
a) einer ritterlich-adligen Moral?
b) der christlichen Moral?
c) der bürgerlichen Moral?

3. Muß man das sogenannte »Collectiv-Individuum« so verstehen,
a) daß jemand wirklich auf die Meinung der anderen achtet?
b) daß jemand das Prinzip verinnerlicht hat, auf den allgemeinen Nutzen zu achten?
c) daß jemand die anderen für sich ausnutzt?

4. Muß man »in der möglichst persönlichen Rücksicht«
a) einen neuen ehrlichen Egoismus erblicken?
b) das Prinzip des Liberalismus erkennen?
c) die Sorge um das Gelingen des eigenen Lebens sehen?

5. Wenn Nietzsche zu bedenken gibt, »was man als *seinen Vortheil* versteht«, zeigt das,
a) daß er es selber nicht genau weiß?
b) daß er die Zweideutigkeit der Formel bemerkt hat?
c) daß er damit einen neuen Aphorismus vorbereitet?

Testen Sie Ihr Verständnis Nietzsches

Setzen Sie jeweils ein passendes Wort ein:

(26) »Die Bestie in uns will belogen werden; ...... ist Nothlüge, damit wir von ihr nicht zerrisssen werden.« (Nr. 40)
(27) »Die Moralisten müssen es sich jetzt gefallen lassen, Immoralisten gescholten zu werden, weil sie die Moral ....« (Der Wanderer und sein Schatten, Nr. 19)
(28) »Man hört allerwärts jetzt das Ziel der Moral ungefähr

so bestimmt: es sei die Erhaltung und Förderung der Menschheit; aber das heisst ...... haben wollen und weiter Nichts.« (Morgenröte, Nr. 106)

Lösungen der Verständnisfragen: 1a, 2a, 3b, 4c, 5b.
Testen Sie Ihr Verständnis Nietzsches: (26) Moral, (27) seciren, (28) eine Formel.

DER WEISE

107.

Unverantwortlichkeit und Unschuld. – Die völlige Unverantwortlichkeit des Menschen für sein Handeln und sein Wesen ist der bitterste Tropfen, welchen der Erkennende schlucken muss, wenn er gewohnt war, in der Verantwortlichkeit und der Pflicht den Adelsbrief seines Menschenthums zu sehen. Alle seine Schätzungen, Auszeichnungen, Abneigungen sind dadurch entwerthet und falsch geworden: sein tiefstes Gefühl, das er dem Dulder, dem Helden entgegenbrachte, hat einem Irrthume gegolten; er darf nicht mehr loben, nicht tadeln, denn es ist ungereimt, die Natur und die Nothwendigkeit zu loben und zu tadeln. So wie er das gute Kunstwerk liebt, aber nicht lobt, weil es Nichts für sich selber kann, wie er vor der Pflanze steht, so muss er vor den Handlungen der Menschen, vor seinen eignen stehen. Er kann Kraft, Schönheit, Fülle an ihnen bewundern, aber darf keine Verdienste darin finden: der chemische Process und der Streit der Elemente, die Qual des Kranken, der nach Genesung lechzt, sind ebensowenig Verdienste, als jene Seelenkämpfe und Nothzustände, bei denen man durch verschiedene Motive hin- und hergerissen wird, bis man sich endlich für das mächtigste entscheidet – wie man sagt (in Wahrheit aber, bis das mächtigste Motiv über uns entscheidet). Alle diese Motive aber, so hohe Namen wir ihnen geben, sind aus den selben Wurzeln gewachsen, in denen wir die bösen Gifte wohnend glauben; zwischen guten und bösen Handlungen giebt es keinen Unterschied der Gattung, sondern höchstens des Grades. Gute Handlungen sind sublimirte böse; böse Handlungen sind vergröberte, verdummte gute. Das einzige Verlangen des Individuums nach Selbstgenuss (sammt der Furcht, desselben verlustig zu gehen) befriedigt sich unter allen Umständen, der Mensch mag handeln, wie er kann, das heisst wie er muss: sei es in Thaten der Eitelkeit, Rache, Lust, Nützlichkeit, Bosheit, List, sei es in Thaten der Aufopferung, des Mitleids, der Erkenntniss. Die Grade der Urtheilsfähigkeit entscheiden, wohin Jemand sich durch diess Verlangen hinziehen lässt;

fortwährend ist jeder Gesellschaft, jedem Einzelnen eine Rangordnung der Güter gegenwärtig, wonach er seine Handlungen bestimmt und die der Anderen beurtheilt. Aber dieser Maassstab wandelt sich fortwährend, viele Handlungen werden böse genannt und sind nur dumm, weil der Grad der Intelligenz, welcher sich für sie entschied, sehr niedrig war. Ja, in einem bestimmten Sinne sind auch jetzt noch *alle* Handlungen dumm, denn der höchste Grad von menschlicher Intelligenz, der jetzt erreicht werden kann, wird sicherlich noch überboten werden: und dann wird, bei einem Rückblick, all *unser* Handeln und Urtheilen so beschränkt und übereilt erscheinen, wie uns jetzt das Handeln und Urtheilen zurückgebliebener wilder Völkerschaften beschränkt und übereilt vorkommt. – Diess Alles einzusehen, kann tiefe Schmerzen machen, aber darnach giebt es einen Trost: solche Schmerzen sind Geburtswehen. Der Schmetterling will seine Hülle durchbrechen, er zerrt an ihr, er zerreisst sie: da blendet und verwirrt ihn das unbekannte Licht, das Reich der Freiheit. In solchen Menschen, welche jener Traurigkeit *fähig* sind – wie wenige werden es sein! – wird der erste Versuch gemacht, ob die Menschheit aus einer *moralischen* sich in eine *weise Menschheit umwandeln könne.* Die Sonne eines neuen Evangeliums wirft ihren ersten Strahl auf die höchsten Gipfel in der Seele jener Einzelnen: da ballen sich die Nebel dichter, als je, und neben einander lagert der hellste Schein und die trübste Dämmerung. Alles ist Nothwendigkeit, – so sagt die neue Erkenntniss: und diese Erkenntniss selber ist Nothwendigkeit. Alles ist Unschuld: und die Erkenntniss ist der Weg zur Einsicht in diese Unschuld. Sind Lust, Egoismus, Eitelkeit *nothwendig* zur Erzeugung der moralischen Phänomene und ihrer höchsten Blüthe, des Sinnes für Wahrheit und Gerechtigkeit der Erkenntniss, war der Irrthum und die Verirrung der Phantasie das einzige Mittel, durch welches die Menschheit sich allmählich zu diesem Grade von Selbsterleuchtung und Selbsterlösung zu erheben vermochte – wer dürfte jene Mittel geringschätzen? Wer dürfte traurig sein, wenn er das Ziel, zu dem jene Wege führen, gewahr wird? Alles auf dem Gebiete der Moral ist geworden, wandelbar, schwankend, Alles ist im Flusse, es ist wahr: – aber *Alles ist auch im Strome:* nach Einem Ziele hin. Mag in uns die vererbte Gewohnheit des irrthümlichen Schätzens, Liebens, Hassens immerhin fortwalten, aber unter dem Einfluss der wachsenden Erkenntniss wird sie schwächer werden: eine neue Gewohnheit, die des Begreifens, Nicht-Liebens, Nicht-Hassens, Ueberschauens, pflanzt sich allmählich in uns auf dem selben Boden an und wird in Tausenden von Jahren vielleicht mächtig genug sein, um der Menschheit die Kraft zu geben, den weisen, unschuldigen (unschuld-bewussten) Menschen ebenso regelmässig hervorzubringen, wie sie jetzt den unweisen, unbilligen, schuldbewussten Menschen – *das heisst die nothwendige Vorstufe, nicht den Gegensatz von jenem* – hervorbringt.

Erläuterungen zum Text

Mit diesem Aphorismus enden Nietzsches Gedanken »Zur Geschichte der moralischen Empfindungen«.

Adelsbrief: Urkunde zum Nachweis des Adelsstandes einer Person.
sublimiren: erhöhen, reinigen, verfeinern.
Evangelium: Freuden- oder Heilsbotschaft.

Verständnisfragen zum Text

1. Liegt der Irrtum der bisherigen moralischen Anerkennung guter Taten darin,
   a) daß man die Verdienste der Menschen nicht genau kennt?
   b) daß es überhaupt keine Verdienste gibt?
   c) daß alle im Grunde die gleichen Verdienste aufweisen?

2. Wenn Nietzsche die Seelenkämpfe mit chemischen Prozessen vergleicht, will er damit

a) den Anschein von Freiheit entlarven?
b) die Naturwissenschaften philosophisch nutzen?
c) den besonderen Wert moralischer Entscheidungen betonen?

3. Welches Streben liegt nach Nietzsche allen menschlichen Handlungen zugrunde,
a) der Kampf um Anerkennung?
b) die Suche nach Gerechtigkeit?
c) das Verlangen nach Selbstgenuß?

4. Nachdem Nietzsche die moralischen Maßstäbe relativiert hat, geht er einen Schritt weiter:
a) Stellt er neue Maßstäbe auf?
b) Verzweifelt er völlig?
c) Sucht er die Richtung der Entwicklung zu erkennen?

5. Wenn der Sinn für Wahrheit und Gerechtigkeit durch Irrtümer erkauft ist,
a) ist er damit selber entwertet?
b) ist er damit als Phase einer Entwicklung zu sehen?
c) ist er damit Zeugnis einer höheren Lenkung der Geschichte?
(Wie hoch Nietzsche die Gerechtigkeit schätzt, sagt er in Nr. 636.)

Testen Sie Ihr Verständnis Nietzsches

Setzen Sie jeweils ein passendes Wort ein:

(29) »Die Flamme ist sich selber nicht so hell, als den Anderen, denen sie leuchtet: so auch …… .« (Nr. 570)
(30) »In der Tat: das Pathos, dass man die Wahrheit habe, gilt jetzt sehr wenig im Verhältniss zu jenem freilich milderen und klanglosen Pathos …… , welches nicht müde wird, umzulernen und neu zu prüfen.« (Nr. 633)
(31) »Man gehört noch …… , so lange man immer auf Ande-

re die Schuld schiebt; man ist auf der Bahn der Weisheit, wenn man immer nur sich selber verantwortlich macht; aber der Weise findet Niemanden schuldig, weder sich noch andere.« (Epiktet, von Nietzsche mit Zustimmung in ›Vermischte Meinungen und Sprüche‹, Nr. 386, zitiert)

Lösungen der Verständnisfragen: 1b, 2a, 3c, 4c, 5b.
Testen Sie Ihr Verständnis Nietzsches: (29) der Weise, (30) des Wahrheit-Suchens, (31) zum Pöbel.

CHRISTENTUM

113.

Christenthum als Alterthum. – Wenn wir eines Sonntag Morgens die alten Glocken brummen hören, da fragen wir uns: ist es nur möglich! diess gilt einem vor zwei Jahrtausenden gekreuzigten Juden, welcher sagte, er sei Gottes Sohn. Der Beweis für eine solche Behauptung fehlt. – Sicherlich ist innerhalb unserer Zeiten die christliche Religion ein aus ferner Vorzeit hereinragendes Alterthum, und dass man jene Behauptung glaubt, – während man sonst so streng in der Prüfung von Ansprüchen ist –, ist vielleicht das älteste Stück dieses Erbes. Ein Gott, der mit einem sterblichen Weibe Kinder erzeugt; ein Weiser, der auffordert, nicht mehr zu arbeiten, nicht mehr Gericht zu halten, aber auf die Zeichen des bevorstehenden Weltunterganges zu achten; eine Gerechtigkeit, die den Unschuldigen als stellvertretendes Opfer annimmt; Jemand, der seine Jünger sein Blut trinken heisst; Gebete um Wundereingriffe; Sünden an einem Gott verübt, durch einen Gott gebüsst; Furcht vor einem Jenseits, zu welchem der Tod die Pforte ist; die Gestalt des Kreuzes als Symbol inmitten einer Zeit, welche die Bestimmung und die Schmach des Kreuzes nicht mehr kennt, – wie schauerlich weht uns diess Alles, wie aus dem Grabe uralter Vergangenheit, an! Sollte man glauben, dass so Etwas noch geglaubt wird?

114.

Das Ungriechische im Christenthum. – Die Griechen sahen über sich die homerischen Götter nicht als Herren und sich unter ihnen nicht als Knechte, wie die Juden. Sie sahen gleichsam nur das Spiegelbild der gelungensten Exemplare ihrer eigenen Kaste, also ein Ideal, keinen Gegensatz des eigenen Wesens. Man fühlt sich mit einander verwandt, es besteht ein gegenseitiges Interesse, eine Art Symmachie. Der Mensch denkt vornehm von sich, wenn er sich solche Götter giebt, und stellt sich in ein Verhältniss, wie das des niedrigeren Adels zum höheren ist; während die italischen Völker eine rechte Bauern-Religion haben, mit fortwährender Aengstlichkeit gegen böse und launische Machtinhaber und Quälgeister. Wo die olympischen Götter zurücktraten, da war auch das griechische Leben düsterer und ängstlicher. – Das Christenthum dagegen zerdrückte und zerbrach den Menschen vollständig und versenkte ihn wie in tiefen Schlamm: in das Gefühl völliger Verworfenheit liess es dann mit Einem Male den Glanz eines göttlichen Erbarmens hineinleuchten, so dass der Ueberraschte, durch Gnade Betäubte, einen Schrei des Entzückens ausstiess und für einen Augenblick den ganzen Himmel in sich zu tragen glaubte. Auf diesen krankhaften Excess des Gefühls, auf die dazu nöthige tiefe Kopf- und Herz-Corruption wirken alle psychologischen Erfindungen des Christenthums hin: es will vernichten, zerbrechen, betäuben, berauschen, es will nur Eins nicht: das *Maass*, und desshalb ist es im tiefsten Verstande barbarisch, asiatisch, unvornehm, ungriechisch.

Erläuterungen zum Text

Alterthum: hier in der Bedeutung »altertümliches Stück«. Die Jungfrauengeburt Jesu wird in Mt 1,18–25 erzählt; von den Sorgen spricht Jesus in Mt 6,24 ff., vom nahen Weltende in Mk 9,1 u.ö., vom letzten Abendmahl wird in Mk 14,17–25 berichtet, über den Sühnetod Jesu spricht Paulus in Röm 3,21–31.
Schmach: Wer geschmäht, also öffentlich beleidigt wird, erleidet eine Schmach.
homerisch: in den Erzählungen Homers (Ilias, Odyssee) vorkommend.
Kaste: (hier allgemein) soziale Gruppe.
Symmachie: Kampfgemeinschaft, Bündnis.
olympisch: auf dem Berg Olymp wohnende Götter (die homerischen).
Excess: Ausschweifung.
Corruption: Verderbnis.
barbarisch: ursprünglich »nichtgriechisch«, d.h. aus Sicht der Griechen: minderwertig.
asiatisch: hier im Gegensatz zu »griechisch«; beachten Sie dazu den dritten Test-Satz (Nr. 34)!

Verständnisfragen zum Text

1. Wenn Nietzsche das Christentum als ein »Alterthum« bezeichnet,
   a) will er damit dessen ehrwürdiges Alter unterstreichen?
   b) will er damit andeuten, daß es sich bewährt hat?
   c) will er damit sagen, daß es überholt ist?

2. Der Weise, den Nietzsche nennt, ist das
   a) Jesus?
   b) Paulus?
   c) der Arzt Lukas?

3. Bedeutet die Furcht vor einem Jenseits nach Nietzsche
   a) die Angst vor der Zukunft?
   b) die Furcht, in die Hölle zu kommen?
   c) die Angst, daß mit dem Tod alles vorbei ist?

4. Weist Nietzsche mit dem Gefühl völliger Verworfenheit
   a) auf die Erzählung hin, daß Adam und Eva aus dem Paradies vertrieben wurden?
   b) auf den Glauben an »völlige Sündhaftigkeit« der Menschen hin?
   c) auf den Glauben an die Verstoßung der »Heiden« hin?

5. Wenn Nietzsche von Korruption spricht, meint er dann,
   a) daß die Menschen schlecht sind?
   b) daß die Christen schlechter als andere sind?
   c) daß der christliche Glaube die Menschen verdirbt?

6. Der letzte Vorwurf Nietzsches gegen das Christentum besagt,
   a) daß es zu maßlosen Gefühlsausbrüchen verleitet.
   b) daß es zum blinden Glauben auffordert.
   c) daß es unwissenschaftlich ist.

Testen Sie Ihr Verständnis Nietzsches

Setzen Sie jeweils ein passendes Wort ein:

(32) »Das Christenthum entstand, um das Herz zu erleichtern; aber jetzt müsste es das Herz ...... , um es nachher erleichtern zu können.« (Nr. 119)

(33) »Die Schule hat keine wichtigere Aufgabe, als strenges Denken, vorsichtiges Urtheilen, consequentes Schliessen zu lehren: desshalb hat sie von allen Dingen abzusehen, die nicht für diese Operationen tauglich sind, zum Beispiel von ....« (Nr. 265)

(34) »Europa ist in die Schule des consequenten und kritischen Denkens gegangen, Asien weiss immer noch nicht zwischen Wahrheit und Dichtung zu unterscheiden und ist sich nicht bewusst, ob seine Ueberzeugungen aus eigener Beobachtung und regelrechtem Denken oder aus ...... stammen.« (Nr. 265)

Lösungen der Verständnisfragen: 1c, 2a, 3b, 4b, 5c, 6a.
Testen Sie Ihr Verständnis Nietzsches: (32) erst beschweren, (33) der Religion, (34) Phantasien.

FORTLEBEN DER RELIGION

130.

Fortleben des religiösen Cultus' im Gemüth. – Die katholische Kirche, und vor ihr aller antike Cultus, beherrschte das ganze Bereich von Mitteln, durch welche der Mensch in ungewöhnliche Stimmungen versetzt wird und der kalten Berechnung des Vortheils oder dem reinen Vernunft-Denken entrissen wird. Eine durch tiefe Töne erzitternde Kirche, dumpfe, regelmässige, zurückhaltende Anrufe einer priesterlichen Schaar, welche ihre Spannung unwillkürlich auf die Gemeinde überträgt und sie fast angstvoll lauschen lässt, wie als wenn eben ein Wunder sich vorbereitete, der Anhauch der Architektur, welche als Wohnung einer Gottheit sich in's Unbestimmte ausreckt und in allen dunklen Räumen das Sich-Regen derselben fürchten lässt, – wer wollte solche Vorgänge den Menschen zurückbringen, wenn die Voraussetzungen dazu nicht mehr geglaubt werden? Aber die Resultate von dem Allen sind trotzdem nicht verloren: die innere Welt der erhabenen, gerührten, ahnungsvollen, tiefzerknirschten, hoffnungsseligen Stimmungen ist den Menschen vornehmlich durch den Cultus eingeboren worden; was jetzt davon in der Seele existirt, wurde damals, als er keimte, wuchs und blühte, gross gezüchtet.

131.

Religiöse Nachwehen. – Glaubt man sich noch so sehr der Religion entwöhnt zu haben, so ist es doch nicht in dem Grade geschehen, dass man nicht Freude hätte, religiösen Empfindungen und Stimmungen ohne begrifflichen Inhalt zu begegnen, zum Beispiel in der Musik; und wenn eine Philosophie uns die Berechtigung von metaphysischen Hoffnungen, von dem dorther zu erlangenden tiefen Frieden der Seele aufzeigt und zum Beispiel von »dem ganzen sichern Evangelium im Blick der Madonnen bei Rafael« spricht, so kommen wir solchen Aussprüchen und Darlegungen mit besonders herzlicher Stimmung entgegen: der Philosoph hat es hier leichter, zu beweisen, er entspricht mit dem, was er geben will, einem

Herzen, welches gern nehmen will. Daran bemerkt man, wie die weniger bedachtsamen Freigeister eigentlich nur an den Dogmen Anstoss nehmen, aber recht wohl den Zauber der religiösen Empfindung kennen; es thut ihnen wehe, letztere fahren zu lassen, um der ersteren willen. – Die wissenschaftliche Philosophie muss sehr auf der Hut sein, nicht auf Grund jenes Bedürfnisses – eines gewordenen und folglich auch vergänglichen Bedürfnisses – Irrthümer einzuschmuggeln: selbst Logiker sprechen von »Ahnungen« der Wahrheit in Moral und Kunst (zum Beispiel von der Ahnung, »dass das Wesen der Dinge Eins ist«): was ihnen doch verboten sein sollte. Zwischen den sorgsam erschlossenen Wahrheiten und solchen »geahnten« Dingen bleibt unüberbrückbar die Kluft, dass jene dem Intellect, diese dem Bedürfniss verdankt werden. Der Hunger beweist nicht, dass es zu seiner Sättigung eine Speise *giebt*, aber er wünscht die Speise. »Ahnen« bedeutet nicht das Dasein einer Sache in irgend einem Grade erkennen, sondern dasselbe für möglich halten, insofern man sie wünscht oder fürchtet; die »Ahnung« trägt keinen Schritt weit in's Land der Gewissheit. – Man glaubt unwillkürlich, die religiös gefärbten Abschnitte einer Philosophie seien besser bewiesen, als die anderen; aber es ist im Grunde umgekehrt, man hat nur den inneren Wunsch, dass es so sein *möge*, – also dass das Beseligende auch das Wahre sei. Dieser Wunsch verleitet uns, schlechte Gründe als gute einzukaufen.

Erläuterungen zum Text

Cultus: öffentlicher Gottesdienst.
zerknirscht: von Reue erfüllt; schuldbewußt; bedrückt.
Nachwehen: nach der Geburt auftretende Wehen.
metaphysisch: Bezeichnung für ein philosophisches Denken, das eine Welt letzter Wesenheiten und Seinsgründe jenseits unserer erfahrbaren Wirklichkeit zu finden sucht (siehe Nr. 1!).
Evangelium: Heilsbotschaft; Nietzsche zitiert hier Schopenhauer: Die Welt als Wille und Vorstellung.

Madonna: Maria, die Mutter Jesu, als Gottesmutter: als verstehende, gütige Frau.
Rafael: italienischer Maler (1483–1520).
Ahnungen: Hier zitiert Nietzsche aus: Afrikan Spir: Denken und Wirklichkeit. Leipzig ^{2}1877
Freigeist: frei denkender, aufgeklärter Mensch.
Dogma: feststehender Glaubenssatz (Plural: Dogmen), vgl. Nr. 113.

Verständnisfragen zum Text

1. Betrachtet Nietzsche die Welt der erhabenen Stimmungen
   a) als Fortleben der Religion?
   b) als Voraussetzung der Religion?
   c) als von Religion unabhängige menschliche Konstante?

2. Wenn man religiösen Empfindungen begegnet, trifft man dabei
   a) auf die wahre Religion?
   b) auf das Erbe der überholten Religion?
   c) auf ein natürliches Empfinden der Menschen?

3. Wenn metaphysische Hoffnungen einem Bedürfnis entsprechen, meint Nietzsche dann,
   a) daß das noch nichts über ihre Berechtigung besagt?
   b) daß damit zumindest ein wenig ihr Recht erwiesen ist?
   c) daß sie damit im Grunde bewiesen sind?

4. Was Nietzsche »das Beseligende« nennt, ist das
   a) ein Ergebnis der Philosophie?
   b) ein Ergebnis der Freundschaft?
   c) ein Ergebnis (nach-)religiöser Empfindungen?

Testen Sie Ihr Verständnis Nietzsches

Setzen Sie jeweils ein passendes Wort ein:

(35) »Aber endlich sollte man doch auch lernen, dass die Bedürfnisse, welche die Religion befriedigt hat und nun die Philosophie befriedigen soll, nicht unwandelbar sind; diese selbst kann man *schwächen* und …… .« (Nr. 27)

(36) »Jede Philosophie, welche einen religiösen Kometenschweif in die Dunkelheit ihrer letzten Aussichten hinaus erglänzen lässt, macht Alles an sich …… , was sie als Wissenschaft vorträgt: es ist diess Alles vermuthlich ebenfalls Religion, wenngleich unter dem Aufputz der Wissenschaft.« (Nr. 110)

(37) »Man muss Religion und Kunst wie Mutter und Amme geliebt haben, – sonst kann man nicht weise werden. Aber man muss über sie hinaus sehen, ihnen entwachsen können; bleibt man …… , so versteht man sie nicht.« (Nr. 292)

Lösungen der Verständnisfragen: 1a, 2b, 3a, 4c.
Testen Sie Ihr Verständnis Nietzsches: (35) *ausrotten*, (36) verdächtig, (37) in ihrem Banne.

GENIEKULT

164.

Gefahr und Gewinn im Cultus des Genius'. – Der Glaube an grosse, überlegene, fruchtbare Geister ist nicht nothwendig, aber sehr häufig noch mit jenem ganz- oder halbreligiösen Aberglauben verbunden, dass jene Geister übermenschlichen Ursprungs seien und gewisse wunderbare Vermögen besässen, vermittelst deren sie ihrer Erkenntnisse auf ganz anderem Wege theilhaftig würden, als die übrigen Menschen. Man schreibt ihnen wohl einen unmittelbaren Blick in das Wesen der Welt, gleichsam durch ein Loch im Mantel der Erscheinung, zu und glaubt, dass sie ohne die Mühsal und Strenge der Wissenschaft, vermöge dieses wunderbaren Seherblickes, etwas Endgültiges und Entscheidendes über Mensch und Welt mittheilen könnten. So lange das Wunder im Bereiche der Erkenntniss noch Gläubige findet, kann man vielleicht zugeben, dass dabei für die Gläubigen selber ein Nutzen herauskomme, insofern diese durch ihre unbedingte Unterordnung unter die grossen Geister, ihrem eigenen Geiste für die Zeit der Entwickelung die beste Disciplin und Schule verschaffen. Dagegen ist mindestens fraglich, ob der Aberglaube vom Genie, von seinen Vorrechten und Sondervermögen für das Genie selber von Nutzen sei, wenn er in ihm sich einwurzelt. Es ist jedenfalls ein gefährliches Anzeichen, wenn den Menschen jener Schauder vor sich selbst überfällt, sei es nun jener berühmte Cäsaren-Schauder oder der hier in Betracht kommende Genie-Schauder; wenn der Opferduft, welchen man billigerweise allein einem Gotte bringt, dem Genie in's Gehirn dringt, so dass er zu schwanken und sich für etwas Uebermenschliches zu halten beginnt. Die langsamen Folgen sind: das Gefühl der Unverantwortlichkeit, der exceptionellen Rechte, der Glaube, schon durch seinen Umgang zu begnadigen, wahnsinnige Wuth bei dem Versuche, ihn mit Anderen zu vergleichen oder gar ihn niedriger zu taxiren und das Verfehlte seines Werkes in's Licht zu setzen. Dadurch, dass er aufhört, Kritik gegen sich selbst zu üben, fällt zuletzt aus seinem Gefieder eine der Schwungfedern nach der anderen aus: jener Aberglaube gräbt die Wurzeln seiner Kraft an und macht ihn vielleicht gar zum Heuchler, nachdem seine Kraft von ihm gewichen ist. Für grosse Geister selbst ist es also wahrscheinlich nützlicher, wenn sie über ihre Kraft und deren Herkunft zur Einsicht kommen, wenn sie also begreifen, welche rein menschlichen Eigenschaften in ihnen zusammengeflossen sind, welche Glücksumstände hinzutraten: also einmal anhaltende Energie, entschlossene Hinwendung zu einzelnen Zielen, grosser persönlicher Muth, sodann das Glück einer Erziehung, welche die besten Lehrer, Vorbilder, Methoden frühzeitig darbot. Freilich, wenn ihr Ziel ist, die grösstmögliche *Wirkung* zu machen, so hat die Unklarheit über sich selbst und jene Beigabe eines halben Wahnsinns immer viel gethan; denn bewundert und beneidet hat man zu allen Zeiten gerade jene Kraft an ihnen, vermöge deren sie die Menschen willenlos machen und zum Wahne fortreissen, dass übernatürliche Führer vor ihnen her giengen. Ja, es erhebt und begeistert die Menschen, Jemanden im Besitz übernatürlicher Kräfte zu glauben: insofern hat der Wahnsinn, wie Plato sagt, die grössten Segnungen über die Menschen gebracht. – In einzelnen seltenen Fällen mag dieses Stück Wahnsinn wohl auch das Mittel gewesen sein, durch welches eine solche nach allen Seiten hin excessive Natur fest zusammengehalten wurde: auch im Leben der Individuen haben die Wahnvorstellungen häufig den Werth von Heilmitteln, welche an sich Gifte sind; doch zeigt sich endlich, bei jedem »Genie«, das an seine Göttlichkeit glaubt, das Gift in dem Grade, als das »Genie« alt wird: man möge sich zum Beispiel Napoleon's erinnern, dessen Wesen sicherlich gerade durch seinen Glauben an sich und seinen Stern und durch die aus ihm fliessende Verachtung der Menschen zu der mächtigen Einheit zusammenwuchs, welche ihn aus allen modernen Menschen heraushebt, bis endlich aber dieser selbe Glaube in einen fast wahnsinnigen Fatalismus übergieng, ihn seines Schnell- und Scharfblickes beraubte und die Ursache seines Unterganges wurde.

Erläuterungen zum Text

Cultus: öffentlicher Gottesdienst.
Genius: (ursprünglich das Symbol des männlichen Samens, dann die Verkörperung der männlichen Kraft) der Schutzgeist des Mannes, dann auch der von Städten usw.; hier im Sinn des abgeleiteten »Genie«. Gegen Ende des 18. Jahrhunderts (»Sturm und Drang«) begann gerade in Deutschland ein Geniekult.
Erscheinung: Was sich dem Blick zeigt, ist häufig nicht das Wesen einer Sache, sondern nur das erscheinende Äußere.
Schauder: Vor dem fremdartig Übermächtigen der Gottheit wird der Mensch oft von einem Schauder ergriffen.
Cäsaren: die römischen Kaiser.
Opferduft: Wenn ein Pflanzen- oder Tieropfer verbrannt wurde, nahmen die Menschen früher an, die Gottheit rieche den Duft.
exceptionell: außergewöhnlich.
taxiren: einschätzen.
Wahnsinn: In Platons Dialog ›Phaidros‹ spricht Sokrates (im XXII. Kap.) über einen Wahnsinn, »der als göttliches Geschenk uns verliehen wird«, und seine Formen.
excessiv: maßlos, ausschweifend.
Fatalismus: Glaube an schicksalhafte Bestimmung des Geschehens.

Verständnisfragen zum Text

1. Wenn Genies »einen unmittelbaren Blick in das Wesen der Welt« haben, sind sie damit nach gängiger Auffassung
   a) klüger als die anderen Menschen?
   b) der Art nach dem normalen Verstehen überlegen?
   c) besonders stark vom Irrtum bedroht?

2. Wenn die Leute sich großen Geistern unterwerfen, profitieren sie dann nach Nietzsche
   a) von der dadurch erworbenen Disziplin des Denkens?
   b) von der Gottähnlichkeit des Genies?
   c) von der Gemeinschaft mit anderen Verehrern?

3. Nietzsche sieht die Gefahr, daß Genies Heuchler werden; er führt das zurück
   a) auf die Verehrung durch die vielen Bewunderer.
   b) auf den schlechten Charakter gerade der Genies.
   c) auf das Fehlen von Kritik und Auseinandersetzung.

4. Wenn Nietzsche von den Segnungen spricht, welche die mitreißenden Genies bewirken,
   a) meint er das dann ironisch?
   b) hält er damit den Geniekult für etwas durch und durch Gutes?
   c) beurteilt er damit den Geniekult als teilweise gut?

5. Wenn der Glaube an sich selbst für das Genie ein Gift ist, will Nietzsche damit sagen,
   a) daß dieser Glaube in Grenzen Gutes bewirken kann?
   b) daß dieser Glaube bloß schädlich ist?
   c) daß dieser Glaube zum Selbstmord führen kann?

Testen Sie Ihr Verständnis Nietzsches

Setzen Sie jeweils ein passendes Wort ein:

(38) »Der künstlerische Genius will ...... machen, aber wenn er auf einer sehr hohen Stufe steht, so fehlen ihm leicht die Geniessenden; er bietet Speisen, aber man will sie nicht.« (Nr. 157)
(39) »An sich ist nun der Künstler schon ein zurückbleibendes Wesen, weil er beim ...... stehen bleibt, welches zur Jugend und Kindheit gehört.« (Nr. 159)
(40) Die Großen aller Art »hatten Alle jenen tüchtigen ...... , welcher erst lernt, die Theile vollkommen zu bilden, bis er es wagt, ein grosses Ganzes zu machen«. (Nr. 163)

Lösungen der Verständnisfragen: 1b, 2a, 3c, 4c, 5a.
Testen Sie Ihr Verständnis Nietzsches: (38) Freude, (39) Spiel, (40) Handwerker-Ernst.

KULTURGESCHICHTE IM INDIVIDUUM

272.

Jahresringe der individuellen Cultur. – Die Stärke und Schwäche der geistigen Productivität hängt lange nicht so an der angeerbten Begabung, als an dem mitgegebenen Maasse von *Spannkraft.* Die meisten jungen Gebildeten von dreissig Jahren gehen um diese Frühsonnenwende ihres Lebens zurück und sind für neue geistige Wendungen von da an unlustig. Desshalb ist dann gleich wieder zum Heile einer fort und fort wachsenden Cultur eine neue Generation nöthig, die es nun aber ebenfalls nicht weit bringt: denn um die Cultur des Vaters *nachzuholen*, muss der Sohn die angeerbte Energie, welche der Vater auf jener Lebensstufe, als er den Sohn zeugte, selber besass, fast aufbrauchen; mit dem kleinen Ueberschuss kommt er weiter (denn weil hier der Weg zum zweiten Mal gemacht wird, geht es ein Wenig schneller vorwärts; der Sohn verbraucht, um das Selbe zu lernen, was der Vater wusste, nicht ganz so viel Kraft). Sehr spannkräftige Männer, wie zum Beispiel Goethe, durchmessen so viel als kaum vier Generationen hinter einander vermögen; desshalb kommen sie aber zu schnell voraus, so dass die anderen Menschen sie erst in dem nächsten Jahrhundert einholen, vielleicht nicht einmal völlig, weil durch die häufigen Unterbrechungen die Geschlossenheit der Cultur, die Consequenz der Entwickelung geschwächt worden ist. – Die gewöhnlichen Phasen der geistigen Cultur, welche im Verlauf der Geschichte errungen ist, holen die Menschen immer schneller nach. Sie beginnen gegenwärtig in die Cultur als religiös bewegte Kinder einzutreten und bringen es vielleicht im zehnten Lebensjahre zur höchsten Lebhaftigkeit dieser Empfindungen, gehen dann in abgeschwächtere Formen (Pantheismus) über, während sie sich der Wissenschaft nähern; kommen über Gott, Unsterblichkeit und dergleichen ganz hinaus, aber verfallen den Zaubern einer metaphysischen Philosophie. Auch diese wird ihnen endlich unglaubwüdig; die Kunst scheint dagegen immer mehr zu gewähren, so dass eine Zeit lang die Metaphysik kaum noch in einer Umwandelung zur Kunst oder als künstlerisch verklärende Stimmung übrig bleibt und fortlebt. Aber der wissenschaftliche Sinn wird immer gebieterischer und führt den Mann hin zur Naturwissenschaft und Historie und namentlich zu den strengsten Methoden des Erkennens, während der Kunst eine immer mildere und anspruchslosere Bedeutung zufällt. Diess Alles pflegt sich jetzt innerhalb der ersten dreissig Jahre eines Mannes zu ereignen. Es ist die Recapitulation eines Pensums, an welchem die Menschheit vielleicht dreissigtausend Jahre sich abgearbeitet hat.

Erläuterungen zum Text

Sonnenwende: Mit der Sonnenwende im Sommer (21. Juni) werden die Tage wieder kürzer.
Phase: Abschnitt einer Entwicklung.
Pantheismus: Überzeugung, daß alles von göttlicher Kraft erfüllt ist, daß es also Gott nicht als Person gibt.
metaphysisch: siehe Stichwort ›Metaphysik‹.
Metaphysik: zur Umwandlung metaphysischer Bedürfnisse siehe Stichwort ›Fortleben der Religion‹.
Historie: die wissenschaftliche Erforschung der Geschichte.
Methode: siehe zu ihrer Bedeutung Nr. 633 ff. und das Stichwort ›Wert der Methoden‹.
Recapitulation: Wiederholung.
Pensum: der Lernstoff.

Verständnisfragen zum Text

1. Meint Nietzsche mit der Spannkraft
   a) die Kraft, sich nach Neuem auszustrecken?
   b) die Kraft, das Bekannte zusammenzufassen?
   c) die Kraft, andere für sich einzuspannen?

2. Paßt zu Nietzsches Überlegungen von der Spannkraft
   a) eine unregelmäßige, sprunghafte Kulturentwicklung?
   b) eine gleichmäßige, kontinuierliche Entwicklung?
   c) überhaupt keine Entwicklung?

3. Begreift Nietzsche die Phasen der geistigen Kultur
   a) als eine Geschichte des Fortschritts?
   b) als eine Geschichte des Verfalls?
   c) als eine Geschichte des gleichmäßig leichten Auf und Ab?

4. Verträgt sich der wissenschaftliche Sinn in Nietzsches Augen
   a) auf jeden Fall mit Religion und Kunst?
   b) vor allem mit eifrigem Lernen?
   c) nur mit einsichtiger Anwendung der Methoden?

5. Die wichtigsten Phasen der Kulturgeschichte werden
   a) vom Individuum erneut durchlebt.
   b) vom Individuum verstanden.
   c) vom Individuum abgelehnt.

Testen Sie Ihr Verständnis Nietzsches

Setzen Sie jeweils ein passendes Wort ein:

(41) »Wir finden in ein einzelnes Menschenleben, welches durch mehrere Culturen geht, den ...... zusammengedrängt, welcher sich sonst zwischen zwei Generationen, zwischen Vater und Sohn, abspielt.« (Nr. 268)
(42) »Es ist mit den Menschen wie mit den Kohlenmeilern im Walde. Erst wenn die jungen Menschen ausgeglüht haben und verkohlt sind, gleich jenen, dann werden sie ....« (Nr. 585)
(43) »...... Leute lieben das Interessante und Absonderliche, gleichgültig wie wahr oder falsch es ist.« (Nr. 609)

Lösungen der Verständnisfragen: 1a, 2b, 3a, 4c, 5a.
Testen Sie Ihr Verständnis Nietzsches: (41) Kampf, (42) *nützlich*, (43) Junge.

INDIVIDUUM UND MUSSE

282.

Klagelied. – Es sind vielleicht die Vorzüge unserer Zeiten, welche ein Zurücktreten und eine gelegentliche Unterschätzung der vita contemplativa mit sich bringen. Aber eingestehen muss man es sich, dass unsere Zeit arm ist an grossen Moralisten, dass Pascal, Epictet, Seneca, Plutarch wenig noch gelesen werden, dass Arbeit und Fleiss – sonst im Gefolge der grossen Göttin Gesundheit – mitunter wie eine Krankheit zu wüthen scheinen. Weil Zeit zum Denken und Ruhe im Denken fehlt, so erwägt man abweichende Ansichten nicht mehr: man begnügt sich, sie zu hassen. Bei der ungeheuren Beschleunigung des Lebens wird Geist und Auge an ein halbes oder falsches Sehen und Urtheilen gewöhnt, und Jedermann gleicht den Reisenden, welche Land und Volk von der Eisenbahn aus kennen lernen. Selbständige und vorsichtige Haltung der Erkenntniss schätzt man beinahe als eine Art Verrücktheit ab, der Freigeist ist in Verruf gebracht, namentlich durch Gelehrte, welche an seiner Kunst, die Dinge zu betrachten, ihre Gründlichkeit und ihren Ameisenfleiss vermissen und ihn gern in einen einzelnen Winkel der Wissenschaft bannen möchten: während er die ganz andere und höhere Aufgabe hat, von einem einsam gelegenen Standorte aus den ganzen Heerbann der wissenschaftlichen und gelehrten Menschen zu befehligen und ihnen die Wege und Ziele der Cultur zu zeigen. – Eine solche Klage, wie die eben abgesungene, wird wahrscheinlich ihre Zeit haben und von selber einmal, bei einer gewaltigen Rückkehr des Genius' der Meditation, verstummen.

283.

Hauptmangel der thätigen Menschen. – Den Thätigen fehlt gewöhnlich die höhere Thätigkeit: ich meine die individuelle. Sie sind als Beamte, Kaufleute, Gelehrte, das heisst als Gattungswesen thätig, aber nicht als ganz bestimmte einzelne und einzige Menschen; in dieser Hinsicht sind sie faul. – Es ist das Unglück der Thätigen, dass ihre Thätigkeit fast immer ein Wenig unvernünftig ist. Man darf zum Beispiel bei dem geldsammelnden Banquier nach dem Zweck seiner rastlosen Thätigkeit nicht fragen: sie ist unvernünftig. Die Thätigen rollen, wie der Stein rollt, gemäss der Dummheit der Mechanik. – Alle Menschen zerfallen, wie zu allen Zeiten so auch jetzt noch, in Sclaven und Freie; denn wer von seinem Tage nicht zwei Drittel für sich hat, ist ein Sclave, er sei übrigens wer er wolle: Staatsmann, Kaufmann, Beamter, Gelehrter.

Erläuterungen zum Text

vita contemplativa: ein von Arbeit freies, beschauliches Leben in Muße.
Moralist: jemand, der über die Grund-Sätze des richtigen Lebens nachdenkt.
Pascal: französischer Philosoph und Mathematiker (1623–1662).
Epictet: griechischer Philosoph, von Nero als Sklave freigelassen (50–138).
Seneca: römischer Politiker und Philosoph (4 v. Chr.–65 n. Chr.).
Plutarch: griechischer Philosoph und Schriftsteller (46–125).
Freigeist: frei und aufgeklärt denkender Mensch.
Heerbann: Gesamtheit der Truppen.
Genius: Schutzgeist, guter Geist.
Meditation: die Art, wie der Freigeist in Muße denkt.
Banquier: Bankkaufmann.
Mechanik: Lehre von den Kräften der Bewegung; hier: Gesetze der Bewegung von Gegenständen.

Verständnisfragen zum Text

1. Wenn Nietzsche sagt, daß Arbeit und Fleiß sonst im Gefolge der Göttin Gesundheit auftreten, meint er damit,
   a) daß Liebe zur Arbeit ein Zeichen von Gesundheit ist?
   b) daß Arbeit und Fleiß eine Art Gottesdienst sind?
   c) daß der tiefere Sinn der Arbeit die Gesundheit ist?

2. Wenn sie mitunter wie eine Krankheit wüten, heißt das,
   a) daß jedes Ding zwei Seiten hat?
   b) daß Arbeit letztlich ungesund ist?
   c) daß rastlose Arbeit dem Denken schadet?

3. Wenn Nietzsche den Gelehrten mit dem Freigeist vergleicht,
   a) stellt er dann beide gleich?
   b) stellt er den Gelehrten als kleinkariert dar?
   c) stellt er den Freigeist als undiszipliniert dar?

4. Reklamiert Nietzsche mit dem Aphorismus 282
   a) für sich selber indirekt eine höhere Aufgabe?
   b) für sich selber keine Aufgabe?
   c) für die Gelehrten eine kulturschaffende Aufgabe?

5. Stehen die Tätigen als bloße Gattungswesen
   a) über den Untätigen?
   b) an der Spitze des Fortschritts?
   c) unter den freien Individuen?

6. Meint Nietzsche mit der »Dummheit der Mechanik«,
   a) daß Mechaniker nicht viel denken müssen?
   b) daß die Mechanik von einfachen Gesetzen bestimmt wird?
   c) daß die Gesetze der Mechanik »von selbst« wirken?

Testen Sie Ihr Verständnis Nietzsches

Setzen Sie jeweils ein passendes Wort ein:

(44) »...... wird von seinen Erziehern behandelt, als ob es zwar etwas Neues sei, aber eine *Wiederholung* werden solle.« (Nr. 228)
(45) »Ich glaube, dass ...... über jedes Ding, über welches Meinungen möglich sind, eine eigene Meinung haben muss, weil er selber ein eigenes, nur einmaliges Ding ist, das zu

allen anderen Dingen eine neue, nie dagewesene Stellung einnimmt. Aber ...... , welche im Grunde der Seele des Thätigen liegt, verhindert den Menschen, das Wasser aus seinem eigenen Brunnen zu schöpfen.« (Nr. 286)

Lösungen der Verständnisfragen: 1a, 2c, 3b, 4a, 5c, 6c.
Testen Sie Ihr Verständnis Nietzsches: (44) Das Individuum, (45) Jeder, die Faulheit.

FORTSCHRITT

292.

Vorwärts. – Und damit vorwärts auf der Bahn der Weisheit, guten Schrittes, guten Vertrauens! Wie du auch bist, so diene dir selber als Quell der Erfahrung! Wirf das Missvergnügen über dein Wesen ab, verzeihe dir dein eignes Ich, denn in jedem Falle hast du an dir eine Leiter mit hundert Sprossen, auf welchen du zur Erkenntniss steigen kannst. Das Zeitalter, in welches du dich mit Leidwesen geworfen fühlst, preist dich selig dieses Glückes wegen; es ruft dir zu, dass dir jetzt noch an Erfahrungen zu Theil werde, was Menschen späterer Zeit vielleicht entbehren müssen. Missachte es nicht, noch religiös gewesen zu sein; ergründe es völlig, wie du noch einen ächten Zugang zur Kunst gehabt hast. Kannst du nicht gerade mit Hülfe dieser Erfahrungen ungeheuren Wegstrecken der früheren Menschheit verständnisvoller nachgehen? Sind nicht gerade auf *dem* Boden, welcher dir mitunter so missfällt, auf dem Boden des unreinen Denkens, viele der herrlichsten Früchte älterer Cultur aufgewachsen? Man muss Religion und Kunst wie Mutter und Amme geliebt haben, – sonst kann man nicht weise werden. Aber man muss über sie hinaus sehen, ihnen entwachsen können; bleibt man in ihrem Banne, so versteht man sie nicht. Ebenso muss dir die Historie vertraut sein und das vorsichtige Spiel mit den Wagschalen: »einerseits – andererseits«. Wandle zurück, in die Fussstapfen tretend, in welchen die Menschheit ihren leidvollen grossen Gang durch die Wüste der Vergangenheit machte: so bist du am gewissesten belehrt, wohin alle spätere Menschheit nicht wieder gehen kann oder darf. Und indem du mit aller Kraft vorauserspähen willst, wie der Knoten der Zukunft noch geknüpft wird, bekommt dein eigenes Leben den Werth eines Werkzeuges und Mittels zur Erkenntniss. Du hast es in der Hand zu erreichen, dass all dein Erlebtes: die Versuche, Irrwege, Fehler, Täuschungen, Leidenschaften, deine Liebe und deine Hoffnung, in deinem Ziele ohne Rest aufgehn. Dieses Ziel ist, selber eine nothwendige Kette von Cultur-Ringen zu werden und von dieser Nothwendigkeit aus auf die Nothwendigkeit im Gange der allgemeinen Cultur zu schliessen. Wenn dein Blick stark genug geworden ist, den Grund in dem dunklen Brunnen deines Wesens und deiner Erkenntnisse zu sehen, so werden dir vielleicht auch in seinem Spiegel die fernen Sternbilder zukünftiger Culturen sichtbar werden. Glaubst du, ein solches Leben mit einem solchen Ziele sei zu mühevoll, zu ledig aller Annehmlichkeiten? So hast du noch nicht gelernt, dass kein Honig süsser als der der Erkenntniss ist und dass die hängenden Wolken der Trübsal dir noch zum Euter dienen müssen, aus dem du die Milch zu deiner Labung melken wirst. Kommt das Alter, so merkst du erst recht, wie du der Stimme der Natur Gehör gegeben, jener Natur, welche die ganze Welt durch Lust beherrscht: das selbe Leben, welches seine Spitze im Alter hat, hat auch seine Spitze in der Weisheit, in jenem milden Sonnenglanz einer beständigen geistigen Freudigkeit; beiden, dem Alter und der Weisheit, begegnest du auf Einem Bergrücken des Lebens, so wollte es die Natur. Dann ist es Zeit und kein Anlass zum Zürnen, dass der Nebel des Todes naht. Dem Lichte zu – deine letzte Bewegung; ein Jauchzen der Erkenntniss – dein letzter Laut.

Erläuterungen zum Text

Mit diesem Aphorismus wird das Thema »Anzeichen höherer und niederer Kultur«, das fünfte Hauptstück, abgeschlossen; die Fragen von Nr. 272, aber auch von 34 und 107 werden wieder aufgegriffen. Der Aphorismus 292 schließt unmittelbar an den vorhergehenden an: dort hat Nietzsche noch einmal vom Weg des freien Geistes, welcher allein der Erkenntnis lebt, gesprochen; er werde zeitweilig durch Labyrinthe oder im Dunkeln gehen – »kommt er an's Licht, so geht er hell, leicht und fast geräuschlos seinen Gang«.

Labung: Erquickung, Erholung.

Verständnisfragen zum Text

1. Wenn der freie Geist sich sein eignes Ich verzeihen soll, meint Nietzsche dann,
   a) daß man nicht so kleinlich über seine Charakterschwächen urteilen soll?
   b) daß man mit dem, was man aufgrund seiner Herkunft ist, zufrieden sein soll?
   c) daß man über sich wie über andere milde urteilen soll?

2. Wenn er vom Boden des unreinen Denkens spricht, meint er dann
   a) die religiösen Elemente der »gegenwärtigen« Kultur?
   b) die wissenschaftlichen Einsichten, die erreicht waren?
   c) die Tatsache, daß es damals so wenige Akademiker gab?

3. Wodurch wird man nach Nietzsche befähigt, dem eigenen Leben den Wert eines Werkzeugs zu geben? Geschieht es
   a) durch persönliche Entschlossenheit?
   b) nach der Belehrung durch einen Weisen?
   c) durch den Blick in Vergangenheit und Zukunft?

4. Was drückt Nietzsche mit dem Bild von den Kultur-Ringen aus,
   a) die Gleichmäßigkeit des Wachstums?
   b) den fruchtbaren Ertrag der Geschichte?
   c) die Notwendigkeit des Entwicklungsverlaufs?

Testen Sie Ihr Verständnis Nietzsches

Setzen Sie jeweils ein passendes Wort ein:

(46) Dem freien Geist »muss als der wünschenwertheste Zustand jenes freie, furchtlose ...... über Menschen, Sitten, Gesetzen und den herkömmlichen Schätzungen der Dinge *genügen*«. (Nr. 34)
(47) »Von einem Ereigniss wird ein solcher [freier, N.T.] Geist gerne nur einen Zipfel nehmen, er liebt die Dinge in der

ganzen Breite und Weitschweifigkeit ihrer Falten nicht: denn er will sich nicht in diese …… .« (Nr. 291)

(48) »Er [der Freigeist, N.T.] muss darauf vertrauen, dass der Genius der Gerechtigkeit Etwas für seinen Jünger und Schützling sagen wird, wenn anschuldigende Stimmen ihn arm an …… nennen sollten.« (Nr. 291)

Lösungen der Verständnisfragen: 1b, 2a, 3c, 4c.
Testen Sie Ihr Verständnis Nietzsches: (46) Schweben, (47) verwickeln, (48) Liebe.

FREUNDSCHAFT

376.

Von den Freunden. – Ueberlege nur mit dir selber einmal, wie verschieden die Empfindungen, wie getheilt die Meinungen selbst unter den nächsten Bekannten sind; wie selbst gleiche Meinungen in den Köpfen deiner Freunde eine ganz andere Stellung oder Stärke haben, als in deinem; wie hundertfältig der Anlass kommt zum Missverstehen, zum feindseligen Auseinanderfliehen. Nach alledem wirst du dir sagen: wie unsicher ist der Boden, auf dem alle unsere Bündnisse und Freundschaften ruhen, wie nahe sind kalte Regengüsse oder böse Wetter, wie vereinsamt ist jeder Mensch! Sieht Einer diess ein und noch dazu, dass alle Meinungen und deren Art und Stärke bei seinen Mitmenschen ebenso nothwendig und unverantwortlich sind wie ihre Handlungen, gewinnt er das Auge für diese innere Nothwendigkeit der Meinungen aus der unlösbaren Verflechtung von Charakter, Beschäftigung, Talent, Umgebung, – so wird er vielleicht die Bitterkeit und Schärfe jener Empfindung los, mit der jener Weise rief: »Freunde, es giebt keine Freunde!« Er wird sich vielmehr eingestehen: ja es giebt Freunde, aber der Irrthum, die Täuschung über dich führte sie dir zu; und Schweigen müssen sie gelernt haben, um dir Freund zu bleiben; denn fast immer beruhen solche menschliche Beziehungen darauf, dass irgend ein paar Dinge nie gesagt werden, ja dass an sie nie gerührt wird; kommen diese Steinchen aber in's Rollen, so folgt die Freundschaft hinterdrein und zerbricht. Giebt es Menschen, welche nicht tödtlich zu verletzen sind, wenn sie erführen, was ihre vertrautesten Freunde im Grunde von ihnen wissen? – Indem wir uns selbst erkennen und unser Wesen selber als eine wandelnde Sphäre der Meinungen und Stimmungen ansehen und somit ein Wenig geringschätzen lernen, bringen wir uns wieder in's Gleichgewicht mit den Uebrigen. Es ist wahr, wir haben gute Gründe, jeden unserer Bekannten, und seien es die grössten, gering zu achten; aber eben so gute, diese Empfindung gegen uns selber zu kehren. – Und so wollen wir es mit einander aushalten, da wir es ja mit uns aushalten; und vielleicht kommt Jedem auch einmal die freudigere Stunde, wo er sagt:

»Freunde, es giebt keine Freunde!«
so rief der sterbende Weise;
»Feinde, es giebt keinen Feind!« –
ruf' ich, der lebende Thor.

Erläuterungen zum Text

Sphäre: Bereich.

Verständnisfragen zum Text

1. Wenn Nietzsche von der Erkenntnis spricht, daß die Meinungen und Handlungen der Menschen »unverantwortlich« sind, meint er dann,
   a) daß die Menschen leichtfertig denken und handeln?
   b) daß sie im Denken und Handeln »beschränkt« sind?
   c) daß jeder gemäß seiner Vergangenheit und seiner Umgebung handelt?

2. Wenn jeder eine wandelnde Sphäre der Meinungen und Stimmungen ist, bezeichnet Nietzsche mit diesem Bild
   a) den Reichtum der Menschen?
   b) die Schönheit der Menschen?
   c) die Unbeständigkeit der Menschen?

3. Wenn Nietzsche fordert, wir sollten es miteinander aushalten,
   a) mahnt er damit Fairneß an?
   b) drückt er damit seine Resignation aus?
   c) deutet er damit eine moralische Pflicht an?

4. Wenn er sich im Schlußsatz als lebenden Toren bezeichnet,
   a) setzt er sich damit ironisch gegen den Weisen ab?
   b) zeigt er damit seine tiefe Bescheidenheit?
   c) deutet er damit an, daß niemand etwas Genaues weiß?

Testen Sie Ihr Verständnis Nietzsches

Setzen Sie jeweils ein passendes Wort ein:

(49) »Mangel an Vertraulichkeit unter Freunden ist ein Fehler, der nicht gerügt werden kann, ohne ...... zu werden.« (Nr. 296)
(50) »Frauen können recht gut mit einem Manne Freundschaft schliessen; aber um diese aufrecht zu erhalten – dazu muss wohl eine kleine ...... mithelfen.« (Nr. 390)
(51) Wie Geländer das Gefühl der Sicherheit vermitteln, so brauchen junge Menschen Personen, an denen sie sich festhalten können; »es ist wahr, sie würden uns nicht helfen, wenn wir uns wirklich, in großer Gefahr, auf sie stützen wollten, aber sie geben ...... des Schutzes in der Nähe (zum Beispiel Väter, Lehrer, Freunde, wie sie, alle drei, gewöhnlich sind).« (Nr. 600)

Lösungen der Verständnisfragen: 1c, 2c, 3a, 4a.
Testen Sie Ihr Verständnis Nietzsches: (49) unheilbar, (50) physische Antipathie, (51) die beruhigende Empfindung.

LIEBE

415.

Liebe. – Die Abgötterei, welche die Frauen mit der Liebe treiben, ist im Grunde und ursprünglich eine Erfindung der Klugheit, insofern sie ihre Macht durch alle jene Idealisirungen der Liebe erhöhen und sich in den Augen der Männer als immer begehenswerther darstellen. Aber durch die Jahrhundertelange Gewöhnung an diese übertriebene Schätzung der Liebe ist es geschehen, dass sie in ihr eigenes Netz gelaufen sind und jenen Ursprung vergessen haben. Sie selber sind jetzt noch mehr die Getäuschten, als die Männer, und leiden desshalb auch mehr an der Enttäuschung, welche fast nothwendig im Leben jeder Frau eintreten wird – sofern sie überhaupt Phantasie und Verstand genug hat, um getäuscht und enttäuscht werden zu können.

Erläuterungen zum Text

Abgötterei: Wenn jemand »falsche« Götter verehrt, begeht er aus der Sicht der anderen Abgötterei.
Idealisirung: etwas besser (idealer) sehen oder darstellen, als es in Wirklichkeit ist.

Verständnisfragen zum Text

1. Wenn Nietzsche die Verehrung der Liebe Abgötterei nennt,
   a) nimmt er damit dann den Standpunkt der Religion ein?
   b) kritisiert er damit die leidenschaftliche Liebe?
   c) wendet er sich damit gegen ein falsches Ideal?

2. Wenn Nietzsche in den Frauen die Getäuschten erblickt,
   a) klagt er damit die Untreue der Männer an?
   b) wirft er ihnen damit leichtfertigen Selbstbetrug vor?
   c) zeigt er sie als Opfer eines historischen Prozesses?

Testen Sie Ihr Verständnis Nietzsches

Setzen Sie jeweils ein passendes Wort ein:

(52) »Gegen die Männerkrankheit ...... hilft es am sichersten, von einem klugen Weibe geliebt zu werden.« (Nr. 384)
(53) »Die Ehen, welche aus Liebe geschlossen werden (die sogenannten Liebesheirathen), haben ...... zum Vater und die Noth (das Bedürfnis) zur Mutter.« (Nr. 389)
(54) »Was ist denn Liebe anders als verstehen und sich darüber freuen, dass ein Andrer in andrer und ...... Weise, als wir, lebt, wirkt und empfindet?« (Vermischte Meinungen und Sprüche, Nr. 75)

Lösungen der Verständnisfragen: 1c, 2c.
Testen Sie Ihr Verständnis Nietzsches: (52) der Selbstverachtung, (53) den Irrthum, (54) entgegengesetzter.

EHE

424.

Aus der Zukunft der Ehe. – Jene edlen, freigesinnten Frauen, welche die Erziehung und Erhebung des weiblichen Geschlechtes sich zur Aufgabe stellen, sollen einen Gesichtspunct nicht übersehen: die Ehe in ihrer höheren Auffassung gedacht, als Seelenfreundschaft zweier Menschen verschiedenen Geschlechts, also so, wie sie von der Zukunft erhofft wird, zum Zweck der Erzeugung und Erziehung einer neuen Generation geschlossen, – eine solche Ehe, welche das Sinnliche gleichsam nur als ein seltenes, gelegentliches Mittel für einen grösseren Zweck gebraucht, bedarf wahrscheinlich, wie man besorgen muss, einer natürlichen Beihülfe, des *Concubinats*; denn wenn aus Gründen der Gesundheit des Mannes das Eheweib auch zur alleinigen Befriedigung des geschlechtlichen Bedürfnisses dienen soll, so wird bei der Wahl einer Gattin schon ein falscher, den angedeuteten Zielen entgegengesetzter Gesichtspunct maassgebend sein: die Erzielung der Nachkommenschaft wird zufällig, die glückliche Erziehung höchst unwahrscheinlich. Eine gute Gattin, welche Freundin, Gehülfin, Gebärerin, Mutter, Familienhaupt, Verwalterin sein soll, ja vielleicht abgesondert von dem Manne ihrem eigenen Geschäft und Amte vorzustehen hat, kann nicht zugleich Concubine sein: es hiesse im Allgemeinen zu viel von ihr verlangen. Somit könnte in Zukunft das Umgekehrte dessen eintreten, was zu Perikles' Zeiten in Athen sich begab: die Männer, welche damals an ihren Eheweibern nicht viel mehr als Concubinen hatten, wandten sich nebenbei zu den Aspasien, weil sie nach den Reizen einer kopf- und herzbefreienden Geselligkeit verlangten, wie eine solche nur die Anmuth und geistige Biegsamkeit der Frauen zu schaffen vermag. Alle menschlichen Institutionen, wie die Ehe, gestatten nur einen mässigen Grad von praktischer Idealisirung, widrigenfalls sofort grobe Remeduren nöthig werden.

Erläuterungen zum Text

besorgen: befürchten
Concubinat: eheähnliches Verhältnis.
Concubine: Frau, mit der jemand im Konkubinat lebt.
Perikles: griechischer Staatsmann (500–429 v.Chr.); unter seiner Führung erlebte Athen seine größte kulturelle Blüte.
Aspasia: äußerst geistreiche Griechin, der man einen sehr freien Lebenswandel nachsagte; ihretwillen verließ Perikles seine erste Frau und heiratete sie; sie übte großen Einfluß auf ihren Mann aus.
Idealisirung: etwas besser (idealer) sehen oder darstellen, als es in Wirklichkeit ist.
widrigenfalls: andernfalls.
Remedur: Abhilfe.

Verständnisfragen zum Text

1. Was ist hier ein falscher Gesichtspunkt:
   a) Sich eine vor allem attraktive Frau zu suchen?
   b) Sich eine vor allem gesunde Frau zu suchen?
   c) Eine Frau voller Charme und Witz zu suchen?

2. Nietzsche fordert das Konkubinat für den Fall,
   a) daß eine Ehe als Arbeitsgemeinschaft gelebt wird.
   b) daß eine Ehe als Seelenfreundschaft gelebt wird.
   c) daß eine Ehe unauflöslich sein soll.

3. Was versteht Nietzsche hier unter einer Konkubine,
   a) eine besonders unterwürfige Frau?
   b) eine besonders beherrschende Frau?
   c) eine besonders attraktive, charmante Frau?

Testen Sie Ihr Verständnis Nietzsches

Setzen Sie jeweils ein passendes Wort ein:

(55) »Eine Ehe, in der Jedes durch das Andere …… erreichen will, hält gut zusammen, zum Beispiel wenn die Frau durch den Mann berühmt, der Mann durch die Frau beliebt werden will.« (Nr. 399)
(56) »Man soll sich beim Eingehen einer Ehe die Frage vorlegen: glaubst du, dich mit dieser Frau bis in's Alter hinein gut zu ……?« (Nr. 406)
(57) »Alles …… zieht ein immer fester werdendes Netz von Spinneweben um uns zusammen; und alsobald merken wir, dass die Fäden zu Stricken geworden sind und dass wir selber als Spinne in der Mitte sitzen, die sich hier gefangen hat und von ihrem eigenen Blute zehren muss.« (Nr. 427)

Lösungen der Verständnisfragen: 1a, 2b, 3c.
Testen Sie Ihr Verständnis Nietzsches: (55) ein individuelles Ziel, (56) unterhalten, (57) Gewohnte.

GEBÄNDIGTER EGOISMUS

455.

Politischer Werth der Vaterschaft. – Wenn der Mensch keine Söhne hat, so hat er kein volles Recht, über die Bedürfnisse eines einzelnen Staatswesens mitzureden. Man muss selber mit den Anderen sein Liebstes daran gewagt haben; das erst bindet an den Staat fest; man muss das Glück seiner Nachkommen in's Auge fassen, also vor Allem Nachkommen haben, um an allen Institutionen und deren Veränderung rechten, natürlichen Antheil zu nehmen. Die Entwickelung der höhern Moral hängt daran, dass Einer Söhne hat; diess stimmt ihn unegoistisch, oder richtiger: es erweitert seinen Egoismus der Zeitdauer nach, und lässt ihn Ziele über seine individuelle Lebenslänge hinaus mit Ernst verfolgen.

Erläuterungen zum Text

Die Begründung dafür, daß die persönlichen Interessen gegenüber dem Staat gebändigt werden müssen, steht in Aphorismus Nr. 472.

Testen Sie Ihr Verständnis Nietzsches

Setzen Sie jeweils ein passendes Wort ein:

(58) Für den kritischen Blick »giebt es, streng gefasst, weder ein unegoistisches Handeln, noch ein völlig interesseloses Anschauen, es sind beides nur …… , bei denen das Grundelement fast verflüchtigt erscheint«. (Nr. 1)

(59) »*Der …… ist nicht böse*, weil die Vorstellung vom ›Nächsten‹ – das Wort ist christlichen Ursprungs und entspricht der Wahrheit nicht – in uns sehr schwach ist; und wir uns gegen ihn beinahe wie gegen Pflanze und Stein frei und unverantwortlich fühlen.« (Nr. 101)

(60) »Viele Menschen warten ihr Leben lang auf die Gelegenheit, …… gut zu sein.« (Nr. 558)

Testen Sie Ihr Verständnis Nietzsches: (58) Sublimierungen, (59) *Egoismus*, (60) auf *ihre* Art.

GESCHICHTE DES STAATES

472.

Religion und Regierung. – So lange der Staat oder, deutlicher, die Regierung sich als Vormund zu Gunsten einer unmündigen Menge bestellt weiss und um ihretwillen die Frage erwägt, ob die Religion zu erhalten oder zu beseitigen sei: wird sie höchst wahrscheinlich sich immer für die Erhaltung der Religion entscheiden. Denn die Religion befriedigt das einzelne Gemüth in Zeiten des Verlustes, der Entbehrung, des Schreckens, des Misstrauens, also da, wo die Regierung sich ausser Stande fühlt, direct Etwas zur Linderung der seelischen Leiden des Privatmannes zu thun: ja selbst bei allgemeinen, unvermeidlichen und zunächst unabwendbaren Uebeln (Hungersnöthen, Geldkrisen, Kriegen) gewährt die Religion eine beruhigte, abwartende, vertrauende Haltung der Menge. Ueberall, wo die nothwendigen oder zufälligen Mängel der Staatsregierung oder die gefährlichen Consequenzen dynastischer Interessen dem Einsichtigen sich bemerklich machen und ihn widerspänstig stimmen, werden die Nicht-Einsichtigen den Finger Gottes zu sehen meinen und sich in Geduld den Anordnungen von *Oben* (in welchem Begriff göttliche und menschliche Regierungsweise gewöhnlich verschmelzen) unterwerfen: so wird der innere bürgerliche Frieden und die Continuität der Entwickelung gewahrt. Die Macht, welche in der Einheit der Volksempfindung, in gleichen Meinungen und Zielen für Alle, liegt, wird durch die Religion beschützt und besiegelt, jene seltenen Fälle abgerechnet, wo eine Priesterschaft mit der Staatsgewalt sich über den Preis nicht einigen kann und in Kampf tritt. Für gewöhnlich wird der Staat sich die Priester zu gewinnen wissen, weil er ihrer allerprivatesten, verborgenen Erziehung der Seelen benöthigt ist und Diener zu schätzen weiss, welche scheinbar und äusserlich ein ganz anderes Interesse vertreten. Ohne Beihülfe der Priester kann auch jetzt noch keine Macht »legitim« werden: wie Napoleon begriff. – So gehen absolute vormundschaftliche Regierung und sorgsame Erhaltung der Religion nothwendig mit einander. Dabei ist vorauszusetzen, dass die regierenden Personen und Classen über den Nutzen, welchen ihnen die Religion gewährt, aufgeklärt werden und somit bis zu einem Grade sich ihr überlegen fühlen, insofern sie dieselbe als Mittel gebrauchen: wesshalb hier die Freigeisterei ihren Ursprung hat. – Wie aber, wenn jene ganz verschiedene Auffassung des Begriffes der Regierung, wie sie in *demokratischen* Staaten gelehrt wird, durchzudringen anfängt? Wenn man in ihr Nichts als das Werkzeug des Volkswillen sieht, kein Oben im Vergleich zu einem Unten, sondern lediglich eine Function des alleinigen Souverains, des Volkes? Hier kann auch nur die selbe Stellung, welche das Volk zur Religion einnimmt, von der Regierung eingenommen werden; jede Verbreitung von Aufklärung wird bis in ihre Vertreter hineinklingen müssen, eine Benutzung und Ausbeutung der religiösen Triebkräfte und Tröstungen zu staatlichen Zwecken wird nicht so leicht möglich sein (es sei denn, dass mächtige Parteiführer zeitweilig einen Einfluss üben, welcher dem des aufgeklärten Despotismus ähnlich sieht). Wenn aber der Staat keinen Nutzen mehr aus der Religion selber ziehen darf oder das Volk viel zu mannichfach über religiöse Dinge denkt, als dass es der Regierung ein gleichartiges, einheitliches Vorgehen bei religiösen Maassregeln gestatten dürfte, – so wird nothwendig sich der Ausweg zeigen, die Religion als Privatsache zu behandeln und dem Gewissen und der Gewohnheit jedes Einzelnen zu überantworten. Die Folge ist zu allererst diese, dass das religiöse Empfinden verstärkt erscheint, insofern versteckte und unterdrückte Regungen desselben, welchen der Staat unwillkürlich oder absichtlich keine Lebensluft gönnte, jetzt hervorbrechen und bis in's Extreme ausschweifen; später erweist sich, dass die Religion von Secten überwuchert wird und dass eine Fülle von Drachenzähnen in dem Augenblicke gesät worden ist, als man die Religion zur Privatsache machte. Der Anblick des Streites, die feindselige Bloslegung aller Schwächen religiöser Bekenntnisse lässt endlich keinen Ausweg mehr zu, als dass jeder Bessere und Begabtere die Irreligiosität zu seiner Privatsache macht: als welche Gesinnung nun auch in dem Geiste der regierenden Personen die Ueberhand bekommt und, fast wider ihren Willen, ihren Maassregeln einen religionsfeindlichen Charakter giebt. Sobald diess eintritt, wandelt sich die Stimmung der noch religiös bewegten Menschen, welche früher den Staat als etwas Halb- oder Ganzheiliges adorirten, in eine entschieden *staatsfeindliche* um; sie lauern den Maassregeln der Regierung auf, suchen zu hemmen, zu kreuzen, zu beunruhigen, so viel sie können, und treiben dadurch die Gegenpartei, die irreligiöse, durch die Hitze ihres Widerspruchs in eine fast fanatische Begeisterung *für* den Staat hinein; wobei im Stillen noch mitwirkt, dass in diesen Kreisen die Gemüther seit der Trennung von der Religion eine Leere spüren und sich vorläufig durch die Hingebung an den Staat einen Ersatz, eine Art von Ausfüllung zu schaffen suchen. Nach diesen, vielleicht lange dauernden Uebergangskämpfen entscheidet es sich endlich, ob die religiösen Parteien noch stark genug sind, um einen alten Zustand heraufzubringen und das Rad zurückzudrehen: in welchem Falle unvermeidlich der aufgeklärte Despotismus (vielleicht weniger aufgeklärt und ängstlicher, als früher) den Staat in die Hände bekommt, – oder ob die religionslosen Parteien sich durchsetzen und die Fortpflanzung ihrer Gegnerschaft, einige Generationen hindurch, etwa durch Schule und Erziehung, untergraben und endlich unmöglich machen. Dann aber lässt auch bei ihnen jene Begeisterung für den Staat nach: immer deutlicher tritt hervor, dass mit jener religiösen Adoration, für welche er ein Mysterium, eine überweltliche Stiftung ist, auch das ehrfürchtige und pietätvolle Verhältnis zu ihm erschüttert ist. Fürderhin sehen die Einzelnen immer nur die Seite an ihm, wo er ihnen nützlich oder schädlich werden kann, und drängen sich mit allen Mitteln heran, um Einfluss auf ihn zu bekommen. Aber diese Concurrenz wird bald zu gross, die Menschen und Parteien wechseln zu schnell, stürzen sich gegenseitig zu wild vom Berge wieder herab, nachdem sie kaum oben angelangt sind. Es fehlt allen Maassregeln, welche von einer Regierung durchgesetzt werden, die Bürgschaft ihrer Dauer; man scheut vor Unternehmungen zurück, welche auf Jahrzehnte,

Jahrhunderte hinaus ein stilles Wachsthum haben müssten, um reife Früchte zu zeitigen. Niemand fühlt eine andere Verpflichtung gegen ein Gesetz mehr, als die, sich augenblicklich der Gewalt, welche ein Gesetz einbrachte, zu beugen: sofort geht man aber daran, es durch eine neue Gewalt, eine neu zu bildende Majorität zu unterminiren. Zuletzt – man kann es mit Sicherheit aussprechen – muss das Misstrauen gegen alles Regierende, die Einsicht in das Nutzlose und Aufreibende dieser kurzathmigen Kämpfe die Menschen zu einem ganz neuen Entschlusse drängen: zur Abschaffung des Staatsbegriffs, zur Aufhebung des Gegensatzes »privat und öffentlich«. Die Privatgesellschaften ziehen Schritt vor Schritt die Staatsgeschäfte in sich hinein: selbst der zäheste Rest, welcher von der alten Arbeit des Regierens übrigbleibt (jene Thätigkeit zum Beispiel welche die Privaten gegen die Privaten sicher stellen soll), wird zu allerletzt einmal durch Privatunternehmer besorgt werden. Die Missachtung, der Verfall und *der Tod des Staates*, die Entfesselung der Privatperson (ich hüte mich zu sagen: des Individuums) ist die Consequenz des demokratischen Staatsbegriffes; hier liegt seine Mission. Hat er seine Aufgabe erfüllt – die wie alles Menschliche viel Vernunft und Unvernunft im Schoosse trägt –, sind alle Rückfälle der alten Krankheit überwunden, so wird ein neues Blatt im Fabelbuche der Menschheit entrollt, auf dem man allerlei seltsame Historien und vielleicht auch einiges Gute lesen wird. – Um das Gesagte noch einmal kurz zu sagen: das Interesse der vormundschaftlichen Regierung und das Interesse der Religion gehen mit einander Hand in Hand, so dass, wenn letztere abzusterben beginnt, auch die Grundlage des Staates erschüttert wird. Der Glaube an eine göttliche Ordnung der politischen Dinge, an ein Mysterium in der Existenz des Staates ist religiösen Ursprungs: schwindet die Religion, so wird der Staat unvermeidlich seinen alten Isisschleier verlieren und keine Ehrfurcht mehr erwecken. Die Souveränität des Volkes, in der Nähe gesehen, dient dazu, auch den letzten Zauber und Aberglauben auf dem Gebiete dieser Empfindungen zu verscheuchen; die moderne Demokratie ist die historische Form vom *Verfall des*

Staates. – Die Aussicht, welche sich durch diesen sichern Verfall ergiebt, ist aber nicht in jedem Betracht eine unglückselige: die Klugheit und der Eigennutz der Menschen sind von allen ihren Eigenschaften am besten ausgebildet; wenn den Anforderungen dieser Kräfte der Staat nicht mehr entspricht, so wird am wenigsten das Chaos eintreten, sondern eine noch zweckmässigere Erfindung, als der Staat es war, zum Siege über den Staat kommen. Wie manche organisirende Gewalt hat die Menschheit schon absterben sehen, – zum Beispiel die der Geschlechtsgenossenschaft, als welche Jahrtausende lang viel mächtiger war, als die Gewalt der Familie, ja längst, bevor diese bestand, schon waltete und ordnete. Wir selber sehen den bedeutenden Rechts- und Machtgedanken der Familie, welcher einmal, so weit wie römisches Wesen reichte, die Herrschaft besass, immer blasser und ohnmächtiger werden. So wird ein späteres Geschlecht auch den Staat in einzelnen Strecken der Erde bedeutungslos werden sehen, – eine Vorstellung, an welche viele Menschen der Gegenwart kaum ohne Angst und Abscheu denken können. An der Verbreitung und Verwirklichung dieser Vorstellung zu *arbeiten*, ist freilich ein ander Ding: man muss sehr anmaassend von seiner Vernunft denken und die Geschichte kaum halb verstehen, um schon jetzt die Hand an den Pflug zu legen, – während noch Niemand die Samenkörner aufzeigen kann, welche auf das zerrissene Erdreich nachher gestreut werden sollen. Vertrauen wir also »der Klugheit und dem Eigennutz der Menschen«, dass jetzt *noch* der Staat eine gute Weile bestehen bleibt und zerstörerische Versuche übereifriger und voreiliger Halbwisser abgewiesen werden!

Erläuterungen zum Text

dynastisch: Eine Dynastie ist eine Familie, die durch mehrere Generationen das Königsamt innehat.
benöthigt ist: soviel wie »benötigt«.
legitim: rechtmäßig.

Souverain: oberster Herrscher.
Despotismus: Gewaltherrschaft.
Drachenzähne säen: Metapher für: Unheil säen. In der griechischen Sage hatte Kadmos einen Drachen besiegt, der seine Gefährten getötet hatte; auf Befehl der Göttin Athene säte er die Zähne des Tieres, worauf aus ihnen gepanzerte Soldaten entstanden, die aufeinander losschlugen (die Spartaner).
Irreligiosität: Nicht-Religiosität.
adoriren: anbeten.
Adoration: Anbetung.
Mysterium: das Geheimnisvolle des Göttlichen.
pietätvoll: Pietät ist die Achtung und Verehrung des Althergebrachten.
Majorität: Mehrheit.
unterminiren: untergraben, unterhöhlen.
Staat: Regelung der *öffentlichen* Belange.
Mission: Auftrag.
Historien: Geschichten (im Buch der Menschheitsgeschichte).
Isisschleier: In Schillers Gedicht ›Das verschleierte Bild zu Sais‹ wird eine Statue (der Göttin Isis) von einem Schleier bedeckt; wer ihn lüftet, erblickt die schreckliche »Wahrheit«.
Geschlechtsgenossenschaft: In Griechenland waren die Menschen im öffentlichen Leben nach Stämmen organisiert (bis zur Reform des Kleisthenes, 510 v. Chr.).
Hand an den Pflug legen: zu arbeiten beginnen, eine neue Saat vorbereiten.

Verständnisfragen zum Text

1. Eine Regierung, die über Unmündige zu herrschen meint, pflegt die Religion zu stützen,
   a) um die Menschen vor dem Unheil zu bewahren.
   b) um keine Kritik aufkommen zu lassen.
   c) um selber als fromm zu gelten.

2. Bewirkt ihr Bündnis mit der Religion,
   a) daß tüchtige Staatsmänner erzogen werden?

b) daß die Machtverteilung nicht bezweifelt wird?
c) daß die Priester die wahren Machthaber sind?

3. Wenn eine demokratische Regierung Religion als Privatsache behandelt, wird dadurch langfristig
a) die Religion gestärkt?
b) die Religion ausgerottet?
c) die einheitliche Religion in Sekten zersplittert?

4. Wenn die Begeisterung für den Staat nachläßt, werden die Menschen dann
a) nur ihre privaten Interessen betreiben?
b) sich hauptsächlich philosophischen Fragen widmen?
c) nur noch dumpf dahinleben?

5. Was versteht Nietzsche unter der Privatperson,
a) etwas vom starken Individuum völlig Verschiedenes?
b) das gleiche wie unter dem Individuum?
c) eine Vorstufe des Individuums?

6. Was will Nietzsche mit der Metapher bäuerlicher Arbeit (»die Hand an den Pflug legen«) ausdrücken,
a) die Härte der politischen Arbeit?
b) die Zerstörung des Bestehenden?
c) die Verwandtschaft von Bauer und Bürger?

Testen Sie Ihr Verständnis Nietzsches

Setzen Sie jeweils ein passendes Wort ein:

(61) »Der Staat ist eine kluge Veranstaltung zum ...... der Individuen gegen einander: übertreibt man seine Veredelung, so wird zuletzt das Individuum durch ihn geschwächt, ja aufgelöst [...]« (Nr. 235)
(62) »In *freieren* Verhältnissen ordnet man sich nur auf Bedingungen unter, in Folge gegenseitigen Vertrages, also mit allen Vorbehalten ....« (Nr. 441)

(63) »Unsere gesellschaftliche Ordnung wird langsam ......, wie es alle früheren Ordnungen gethan haben, sobald die Sonnen neuer Meinungen mit neuer Gluth über die Menschen hinleuchteten.« (Nr. 443)

Lösungen der Verständnisfragen: 1b, 2b, 3c, 4a, 5a, 6b.
Testen Sie Ihr Verständnis Nietzsches: (61) Schutz, (62) des Eigennutzes, (63) wegschmelzen.

SOZIALISMUS

473.

Der Socialismus in Hinsicht auf seine Mittel. – Der Socialismus ist der phantastische jüngere Bruder des fast abgelebten Despotismus, den er beerben will; seine Bestrebungen sind also im tiefsten Verstande reactionär. Denn er begehrt eine Fülle der Staatsgewalt, wie sie nur je der Despotismus gehabt hat, ja er überbietet alles Vergangene dadurch, dass er die förmliche Vernichtung des Individuums anstrebt: als welches ihm wie ein unberechtigter Luxus der Natur vorkommt und durch ihn in ein zweckmässiges *Organ des Gemeinwesens* umgebessert werden soll. Seiner Verwandtschaft wegen erscheint er immer in der Nähe aller excessiven Machtentfaltungen, wie der alte typische Socialist Plato am Hofe des sicilischen Tyrannen; er wünscht (und befördert unter Umständen) den cäsarischen Gewaltstaat dieses Jahrhunderts, weil er, wie gesagt, sein Erbe werden möchte. Aber selbst diese Erbschaft würde für seine Zwecke nicht ausreichen, er braucht die allerunterthänigste Niederwerfung aller Bürger vor dem unbedingten Staate, wie niemals etwas Gleiches existirt hat; und da er nicht einmal auf die alte religiöse Pietät für den Staat mehr rechnen darf, vielmehr an deren Beseitigung unwillkürlich fortwährend arbeiten muss – nämlich weil er an der Beseitigung aller bestehenden *Staaten* arbeitet –, so kann er sich nur auf kurze Zeiten, durch den äussersten Terrorismus, hie und da einmal auf Existenz Hoffnung machen. Desshalb bereitet er sich im Stillen zu Schreckensherrschaften vor und treibt den halbgebildeten Massen das Wort »Gerechtigkeit« wie einen Nagel in den Kopf, um sie ihres Verstandes völlig zu berauben (nachdem dieser Verstand schon durch die Halbbildung sehr gelitten hat) und ihnen für das böse Spiel, das sie spielen sollen, ein gutes Gewissen zu schaffen. – Der Socialismus kann dazu dienen, die Gefahr aller Anhäufungen von Staatsgewalt recht brutal und eindringlich zu lehren und insofern vor dem Staate selbst Misstrauen einzuflössen. Wenn seine rauhe Stimme in das Feldgeschrei *»so viel Staat wie möglich«* einfällt, so wird dieses zunächst dadurch lärmender, als je: aber bald dringt auch das entgegengesetzte mit um so grösserer Kraft hervor: *»so wenig Staat wie möglich«*.

Erläuterungen zum Text

Nachdem es in Osteuropa sozialistische Staaten gegeben hat, liest man diesen Text mit einer historischen Erfahrung, welche dem Autor selber noch fehlte.

phantastisch: etwa in der Bedeutung »auf Phantasie beruhend«.
Despotismus: Gewaltherrschaft.
im Verstande: im Sinn.
reactionär: Gegenteil von fortschrittlich.
Individuum: der starke freie Mensch.
excessiv: ausschweifend.
Plato: Der griechische Philosoph Platon (427–347 v. Chr.) war mehrfach in Sizilien; er versuchte vergeblich, mit Hilfe des Tyrannen Dionysius von Syrakus bzw. dessen Sohnes seine Vorstellungen vom idealen Staat, der von den Guten geleitet wird, zu verwirklichen.
cäsarisch: nach Art der römischen Cäsaren (Kaiser).
Pietät: Achtung, Ehrfurcht.

Verständnisfragen zum Text

1. Ist nach Nietzsche der Sozialismus reaktionär,
   a) weil er die geschichtliche Entwicklung behindert?
   b) weil er überholte Besitzstände bewahren will?
   c) weil er entgegen der geschichtlichen Entwicklung eine Anhäufung von Staatsmacht bedeutet?

2. Bedeutet Sozialismus eine Vernichtung des Individuums,
   a) weil die Meinungsfreiheit eingeschränkt ist?
   b) weil es im wesentlichen nur eine Partei gibt?
   c) weil man nur als gesellschaftliches Wesen etwas zählt?

3. Führt der Sozialismus nach Nietzsche zu Terrorismus,
   a) weil alle alten Machtbegründungen zerstört sind?

b) weil man nur mit Macht Ideale durchsetzen kann?
c) weil die Gerechtigkeit nicht erstrebenswert ist?

4. Werden die Menschen mit dem Schlagwort »Gerechtigkeit« verdummt,
a) weil die Sozialisten oft sich und andere täuschen?
b) weil sie eine Begründung für ihre Diktatur brauchen?
c) weil Gerechtigkeit überhaupt nicht realisierbar ist?
(Nietzsches Theorie der Gerechtigkeit können Sie in Nr. 92 bzw. in ›Der Wanderer und sein Schatten‹, Nr. 22, nachlesen.)

5. Wenn der Sozialismus dazu dienen kann, bestimmte Dinge zu lehren, meint Nietzsche damit,
a) daß er entgegen seiner Absicht dazu dienen könnte?
b) daß politische Einsichten zu erreichen sein Ziel ist?
c) daß Nietzsche ihn benutzen wird, diese Dinge zu lehren?

Testen Sie Ihr Verständnis Nietzsches

Setzen Sie jeweils ein passendes Wort ein:

(64) Gleiche Rechte zugestehen ist möglich. »Dagegen Gleichheit der Rechte *fordern*, wie es die Socialisten der unterworfenen Kaste thun, ist nimmermehr der Ausfluss der Gerechtigkeit, sondern …… .« (Nr. 451)
(65) »Wenn Plato meint, die Selbstsucht werde mit der Aufhebung …… aufgehoben, so ist ihm zu antworten, dass, nach Abzug der Selbstsucht, vom Menschen jedenfalls nicht die vier Cardinaltugenden übrig bleiben werden, – wie man sagen muss: die ärgste Pest könnte der Menschheit nicht so schaden, als wenn eines Tages …… aus ihr entschwände.« (Der Wanderer und sein Schatten, Nr. 285)

Lösungen der Verständnisfragen: 1c, 2c, 3a, 4b, 5a.
Testen Sie Ihr Verständnis Nietzsches: (64) der Begehrlichkeit, (65) des Besitzes, die Eitelkeit.

ÜBERZEUGUNGEN

630.

Ueberzeugung ist der Glaube, in irgend einem Puncte der Erkenntniss im Besitze der unbedingten Wahrheit zu sein. Dieser Glaube setzt also voraus, dass es unbedingte Wahrheiten gebe; ebenfalls, dass jene vollkommenen Methoden gefunden seien, um zu ihnen zu gelangen; endlich, dass Jeder, der Ueberzeugungen habe, sich dieser vollkommenen Methoden bediene. Alle drei Aufstellungen beweisen sofort, dass der Mensch der Ueberzeugungen nicht der Mensch des wissenschaftlichen Denkens ist; er steht im Alter der theoretischen Unschuld vor uns und ist ein Kind, wie erwachsen er auch sonst sein möge. Ganze Jahrtausende aber haben in jenen kindlichen Voraussetzungen gelebt und aus ihnen sind die mächtigsten Kraftquellen der Menschheit herausgeströmt. Jene zahllosen Menschen, welche sich für ihre Ueberzeugungen opferten, meinten es für die unbedingte Wahrheit zu thun. Sie alle hatten Unrecht darin: wahrscheinlich hat noch nie ein Mensch sich für die Wahrheit geopfert; mindestens wird der dogmatische Ausdruck seines Glaubens unwissenschaftlich oder halbwissenschaftlich gewesen sein. Aber eigentlich wollte man Recht behalten, weil man meinte, Recht haben zu *müssen.* Seinen Glauben sich entreissen lassen, das bedeutete vielleicht seine ewige Seligkeit in Frage stellen. Bei einer Angelegenheit von dieser äussersten Wichtigkeit war der »Wille« gar zu hörbar der Souffleur des Intellects. Die Voraussetzung jedes Gläubigen jeder Richtung war, nicht widerlegt werden zu *können*; erwiesen sich die Gegengründe als sehr stark, so blieb ihm immer noch übrig, die Vernunft überhaupt zu verlästern und vielleicht gar das »credo quia absurdum est« als Fahne des äussersten Fanatismus aufzupflanzen. Es ist nicht der Kampf der Meinungen, welcher die Geschichte so gewaltthätig gemacht hat, sondern der Kampf des Glaubens an die Meinungen, das heisst der Ueberzeugungen. Wenn doch alle Die, welche so gross von ihrer Ueberzeugung dachten, Opfer aller Art ihr brachten und Ehre, Leib und Leben in ihrem Dienste nicht schonten, nur die Hälfte ihrer Kraft der Untersuchung gewidmet hätten, mit welchem Rechte sie an dieser oder jener Ueberzeugung hiengen, auf welchem Wege sie zu ihr gekommen seien: wie friedfertig sähe die Geschichte der Menschheit aus! Wieviel mehr des Erkannten würde es geben! Alle die grausamen Scenen bei der Verfolgung der Ketzer jeder Art wären uns aus zwei Gründen erspart geblieben: einmal weil die Inquisitoren vor Allem in sich selbst inquirirt hätten und über die Anmaassung, die unbedingte Wahrheit zu vertheidigen, hinausgekommen wären; sodann weil die Ketzer selber so schlecht begründeten Sätzen, wie die Sätze aller religiösen Sectirer und »Rechtgläubigen« sind, keine weitere Theilnahme geschenkt haben würden, nachdem sie dieselben untersucht hätten.

Erläuterungen zum Text

Mit Nr. 629 beginnt Nietzsche in großem Schwung den Abschluß des Buches, wobei er die in Nr. 272 und Nr. 292 behandelten Fragen noch einmal vertieft. In Nr. 629 geht er von der Erfahrung aus, daß Menschen nach einem Wechsel ihrer tiefsten Überzeugungen vom Gefühl der Untreue, von »Schmerzen des Verrathes« geplagt werden, was er für unberechtigt hält; er schließt deshalb die Frage an, »wie Ueberzeugungen entstehen« und »ob sie nicht bei Weitem überschätzt werden«.

dogmatisch: (hier) lehrhaft-theoretisch.
Souffleur: jemand, der (im Theater) den Text vorsagt.
credo quia absurdum est: »Ich glaube es, gerade weil es widersinnig ist.« (Wort des lateinischen Kirchenvaters Tertullian, Anfang des 3. Jhs.)
Ketzer: jemand, der vom »richtigen« Glauben der »Rechtgläubigen« abgefallen ist.
Inquisitor: jemand, der die Inquisition (gerichtliche Prüfung der Rechtgläubigkeit, Suche nach Ketzern) vornimmt.
iquiriren: suchen (Verb zu »Inquisitor«).

Sectirer: jemand, der die Großkirche (auf der Suche nach der reinen Lehre, der wahren Gemeinschaft) verlassen hat.

Verständnisfragen zum Text

1. Stehen die Überzeugten »im Alter der theoretischen Unschuld«,
   a) weil sie die Voraussetzungen ihrer Überzeugung nicht durchschauen?
   b) weil es meist junge Menschen sind?
   c) weil durch theoretisches Denken das Gewissen zerstört wird?

2. Hatten alle, die sich »für die unbedingte Wahrheit« opferten, Unrecht,
   a) weil sie die Wahrheit nicht genau kannten?
   b) weil es die unbedingte Wahrheit nicht gibt?
   c) weil sie in Wahrheit Recht behalten wollten?

3. Wenn der Wille »Souffleur des Intellects« ist,
   a) ist der Intellekt dann besonders klar?
   b) ist der Intellekt dann besonders stark?
   c) liefert dieser dann nur Vorwände für andere Impulse?

4. Wären die Inquisitoren bei strenger Selbstprüfung über ihre Anmaßungen hinausgekommen,
   a) weil sie keine Qualen hätten erdulden wollen?
   b) weil sie ihre wahren Motive erkannt hätten?
   c) weil sie Verständnis für die Ketzer gewonnen hätten?

Testen Sie Ihr Verständnis Nietzsches

Setzen Sie jeweils ein passendes Wort ein:

(66) »Sind wir verpflichtet, unsern ...... treu zu sein, selbst mit der Einsicht, dass wir durch diese Treue an unserem höheren Selbst Schaden stiften?« (Nr. 629)
(67) »Allmählich muss aber der wissenschaftliche Geist im

Menschen jene Tugend der *vorsichtigen* ...... zeitigen, jene weise Mässigung, welche im Gebiet des praktischen Lebens bekannter ist, als im Gebiet des theoretischen Lebens [...]« (Nr. 631)

(68) »Wer nicht durch verschiedene Ueberzeugungen hindurchgegangen ist, sondern in dem Glauben hängen bleibt, in dessen Netz er sich zuerst verfieng, ist unter allen Umständen, eben wegen dieser Unwandelbarkeit, ein Vertreter ...... Culturen.« (Nr. 632)

Lösungen der Verständnisfragen: 1a, 2c, 3c, 4b.
Testen Sie Ihr Verständnis Nietzsches: (66) Irrthümern, (67) *Enthaltung*, (68) *zurückgebliebener*.

WERT DER METHODEN

635.

Im Ganzen sind die wissenschaftlichen Methoden mindestens ein ebenso wichtiges Ergebnis der Forschung als irgend ein sonstiges Resultat: denn auf der Einsicht in die Methode beruht der wissenschaftliche Geist, und alle Resultate der Wissenschaft könnten, wenn jene Methoden verloren giengen, ein erneutes Ueberhandnehmen des Aberglaubens und des Unsinns nicht verhindern. Es mögen geistreiche Leute von den Ergebnissen der Wissenschaft *lernen* so viel sie wollen: man merkt es immer noch ihrem Gespräche und namentlich den Hypothesen in demselben an, dass ihnen der wissenschaftliche Geist fehlt: sie haben nicht jenes instinctive Misstrauen gegen die Abwege des Denkens, welches in der Seele jedes wissenschaftlichen Menschen in Folge langer Uebung seine Wurzeln eingeschlagen hat. Ihnen genügt es, über eine Sache überhaupt irgendeine Hypothese zu finden, dann sind sie Feuer und Flamme für dieselbe und meinen, damit sei es gethan. Eine Meinung haben heisst bei ihnen schon: dafür sich fanatisiren und sie als Ueberzeugung fürderhin sich an's Herz legen. Sie erhitzen sich bei einer unerklärten Sache für den ersten Einfall ihres Kopfes, der einer Erklärung derselben ähnlich sieht: woraus sich, namentlich auf dem Gebiete der Politik, fortwährend die schlimmsten Folgen ergeben. – Desshalb sollte jetzt Jedermann mindestens *eine* Wissenschaft von Grund aus kennen gelernt haben: dann weiss er doch, was Methode heisst und wie nöthig die äusserste Besonnenheit ist. Namentlich ist den Frauen dieser Rath zu geben; als welche jetzt rettungslos die Opfer aller Hypothesen sind, zumal wenn diese den Eindruck des Geistreichen, Hinreissenden, Belebenden, Kräftigenden machen. Ja bei genauerem Zusehen bemerkt man, dass der allergrösste Theil aller Gebildeten noch jetzt von einem Denker Ueberzeugungen und Nichts als Ueberzeugungen begehrt, und dass allein eine geringe Minderheit *Gewissheit* will. Jene wollen stark fortgerissen werden, um dadurch selber einen Kraftzuwachs zu erlangen; diese Wenigen haben jenes sachliche Interesse, welches von persönlichen Vortheilen, auch von dem des erwähnten Kraftzuwachses absieht. Auf jene bei Weitem überwiegende Classe wird überall dort gerechnet, wo der Denker sich als *Genie* benimmt und bezeichnet, also wie ein höheres Wesen drein schaut, welchem Autorität zukommt. Insofern das Genie jener Art die Glut der Ueberzeugungen unterhält und Misstrauen gegen den vorsichtigen und bescheidenen Sinn der Wissenschaft weckt, ist es ein Feind der Wahrheit und wenn es sich auch noch so sehr als deren Freier glauben sollte.

636.

Es giebt freilich auch eine ganz andere Gattung der Genialität, die der Gerechtigkeit; und ich kann mich durchaus nicht entschliessen, dieselbe niedriger zu schätzen, als irgend eine philosophische, politische oder künstlerische Genialität. Ihre Art ist es, mit herzlichem Unwillen Allem aus dem Wege zu gehen, was das Urtheil über die Dinge blendet und verwirrt; sie ist folglich eine *Gegnerin der Ueberzeugungen*, denn sie will Jedem, sei es ein Belebtes oder Todtes, Wirkliches oder Gedachtes, das Seine geben – und dazu muss sie es rein erkennen; sie stellt daher jedes Ding in das beste Licht und geht um dasselbe mit sorgsamem Auge herum. Zuletzt wird sie selbst ihrer Gegnerin, der blinden oder kurzsichtigen »Ueberzeugung« (wie Männer sie nennen: – bei Weibern heisst sie »Glaube«) geben was der Ueberzeugung ist – um der Wahrheit willen.

Erläuterungen zum Text

In Nr. 633 erklärt Nietzsche, unsere Zeit unterscheide sich darin von Mittelalter und Reformationszeit, daß wir durch methodisches Forschen vorsichtiger geworden und nicht mehr fanatisch seien; in Nr. 634 versucht er die Methoden als Instrumente, die im persönlichen Kampf der Denker entstanden sind, zu begreifen. – In Nr. 637 ruft Nietzsche (wie in 292) zum Fortschreiten auf; dieser Aufruf klingt in Nr. 638 im Bild des Wanderers aus.

Methode: bewußte erprobte Art des wissenschaftlichen Vorgehens.
Hypothese: vorläufige, noch unbewiesene Annahme.

Verständnisfragen zum Text

1. Liegt die Bedeutung der Methode am ehesten darin,
   a) daß sie zu brauchbaren Ergebnissen führt?
   b) daß sie verschiedene Wissensgebiete verbindet?
   c) daß sie das Instrument besonnenen Vorgehens ist?

2. Warum sind die Menschen nach Nietzsche an Überzeugungen interessiert,
   a) aus persönlichen Gründen (Lebensgefühl)?
   b) aus sachlichen Gründen (Wahrheit)?
   c) aus sozialen Gründen (Übeinstimmung)?
   (Wie Überzeugungen entstehen, hat Nietzsche in Nr. 630 gezeigt.)

3. Warum ist Nietzsche gegen die Genies so skeptisch,
   a) weil es keine wirklichen Genies gibt?
   b) weil sie den Nebel der Überzeugungen stärken?
   c) weil die Zeit der Genies allmählich zu Ende geht?
   (Was Nietzsche über das Genie denkt, finden Sie in Nr. 164.)

4. Ist die Genialität der Gerechtigkeit ein Ausdruck
   a) der moralischen Überzeugungen?
   b) des Willens zur Wahrheit?
   c) der eigenen Genialität?

Testen Sie Ihr Verständnis Nietzsches

Setzen Sie jeweils ein passendes Wort ein:

(69) »*Der persönliche …… der Denker* hat schliesslich die

Methoden so verschärft, dass wirklich Wahrheiten entdeckt werden konnten und dass die Irrgänge früherer Methoden vor Jedermanns Blicken blosgelegt sind.« (Nr. 634)

(70) »Vom Feuer erlöst, schreiten wir dann, durch den Geist getrieben von Meinung zu Meinung, durch den Wechsel der Parteien, als edle *Verräther* aller Dinge, die überhaupt verrathen werden können – und dennoch ohne ein Gefühl von …… .« (Nr. 637)

(71) »Der …… verleugnet die Wahrheit vor sich, der Lügner nur vor Andern.« (Vermischte Meinungen und Sprüche, Nr. 6)

Lösungen der Verständnisfragen: 1c, 2a, 3b, 4b.

Testen Sie Ihr Verständnis Nietzsches: (69) *Kampf*, (70) Schuld, (71) Phantast.

VERMISCHTE MEINUNGEN UND SPRÜCHE

ZWISCHENBILANZ – GESPRÄCH MIT FRIEDRICH NIETZSCHE ÜBER ›VERMISCHTE MEINUNGEN UND SPRÜCHE‹

Herr Nietzsche, knapp ein Jahr nach Ihrem Buch über ›Menschliches, Allzumenschliches‹ legen Sie das Büchlein ›Vermischte Meinungen und Sprüche‹ vor. Sie haben keine großen neuen Einsichten gewonnen, oder?
»Im Gebirge der Wahrheit kletterst du nie umsonst: entweder du kommst schon heute weiter hinauf oder du übst deine Kräfte, um morgen höher steigen zu können.« (Nr. 358)

Denken Sie immer noch so skeptisch über die Menschen wie vor einem Jahr?
»Die meisten Menschen sind Nichts und gelten Nichts, bis sie sich in allgemeine Überzeugungen und öffentliche Meinungen eingekleidet haben, nach der Schneider-Philosophie: Kleider machen Leute. Von den Ausnahme-Menschen aber muss es heissen: *erst der Träger macht die Tracht*; hier hören die Meinungen auf, öffentlich zu sein, und werden etwas Anderes als Masken, Putz und Verkleidung.« (Nr. 325)

Viel Lob werden Sie für Ihre neuen Sprüche nicht erhalten.
»So lange man dich lobt, glaube nur immer, dass du noch nicht auf deiner eigenen Bahn, sondern auf der eines Andern bist.« (Nr. 340)

Sie haben ziemlich lange gebraucht, um Ihren eigenen Weg zu finden, und es ist auf den ersten Blick auch nicht gerade beglückend, was Sie zu sagen haben – oder irre ich mich da?
»Wer endlich merkt, wie sehr und wie lange er genarrt worden ist, umarmt aus Trotz selbst die hässlichste Wirklichkeit: so dass dieser, den Verlauf der Welt im Ganzen gesehen, zu allen Zeiten die allerbesten Freier zugefallen sind, – denn die Besten sind immer am besten und längsten getäuscht worden.« (Nr. 3)

Wie macht man das, sich aus den Täuschungen befreien?
»Man muss lernen, aus unreinlichen Verhältnissen reinlicher hervorzugehen und sich, wenn es Noth tut, auch mit schmutzigem Wasser waschen.« (Nr. 82)

Sie und andere Aufklärer bewirken aber nicht viel in der Öffentlichkeit – wie erklären Sie sich das?
»Den Wenigen, welche eine Freude daran haben, den Knoten der Dinge zu lösen und sein Gewebe aufzutrennen, arbeiten Viele entgegen (zum Beispiel alle Künstler und Frauen), ihn immer wieder neu zu knüpfen und zu verwickeln und so das Begriffene in's Unbegriffene, womöglich Unbegreifliche umzubilden. Was dabei auch sonst herauskomme, – das Gewebte und Verknotete wird immer etwas unreinlich aussehen müssen, weil zu viele Hände daran arbeiten und ziehen.« (Nr. 30)

Sie sprechen häufig abfällig über »die Frauen« – wie kommt das?
»Männer benutzen Neu-Erlerntes oder -Erlebtes fürderhin als Pflugschar, vielleicht auch als Waffe: aber Weiber machen sofort daraus einen Putz für sich zurecht.« (Nr. 290)

Gerade junge Menschen enttäuschen Sie oft mit Ihrer Skepsis, wenn Ihr Schwung auch viele mitreißt.
»Der Tiefsinn gehört der Jugend, der Klarsinn dem Alter zu: wenn trotzdem alte Männer mitunter in der Art der Tiefsinnigen reden und schreiben, so thun sie es aus Eitelkeit, in dem Glauben, dass sie damit den Reiz des Jugendlichen, Schwärmerischen, Werdenden, Ahnungs- und Hoffnungsvollen annehmen.« (Nr. 289)

Sie sind ja gegen weniges so empfindlich und bissig wie gegen Tiefsinn und ›überweltliche‹ Spekulationen – warum eigentlich?
»Der Phantast verleugnet die Wahrheit vor sich, der Lügner nur vor Andern.« (Nr. 6)

Noch einmal zu den jungen Leuten – wo liegen deren Schwierigkeiten, wenn es ums klare Denken geht?
»Das Kind sieht ebenso wie der Mann in Allem, was erlebt, erlernt wird, Thüren: aber Jenem sind es *Zugänge*, Diesem immer nur *Durchgänge*.« (Nr. 281)

Was heißt das konkret, bezogen auf die jugendlichen Leser?
»Ein Buch kritisiren – das heisst für die Jungen nur: keinen einzigen productiven Gedanken desselben an sich herankom-

men lassen und sich, mit Händen und Füssen, seiner Haut wehren. Der Jüngling lebt gegen alles Neue, das er nicht in Bausch und Bogen lieben kann, im Stande der Nothwehr und begeht jedesmal dabei, so oft er nur kann, ein überflüssiges Verbrechen.« (Nr. 161)

Viele Leute fragen wie ich, warum Sie in letzter Zeit nur Aphorismen und keine größeren Texte verfassen. Haben Sie eine Antwort darauf?
»Meint ihr denn, es müsse Stückwerk sein, weil man es euch in Stücken giebt (und geben muss)?« (Nr. 128)

Vor welchen Lesern fürchten Sie sich eigentlich am meisten?
»Die schlechtesten Leser sind die, welche wie plündernde Soldaten verfahren: sie nehmen sich Einiges, was sie brauchen können, heraus, beschmutzen und verwirren das Uebrige und lästern auf das Ganze.« (Nr. 137)

Sind Sie denn so von sich eingenommen, daß Sie meinen, man könne sich Ihnen nur anschließen?
»Nicht darin, wie eine Seele sich der andern nähert, sondern wie sie sich von ihr entfernt, erkenne ich ihre Verwandtschaft und Zusammengehörigkeit mit der andern.« (Nr. 251)

Sie sind sehr offen und direkt in Ihren Äußerungen. Haben Sie keine Angst, die Leute zu verärgern und sich Gegner zu verschaffen?
»Entweder verstecke man seine Meinungen, oder man verstecke sich hinter seinen Meinungen. Wer es anders macht, der kennt den Lauf der Welt nicht oder gehört zum Orden der heiligen Tollkühnheit.« (Nr. 338)

Sie haben ›Vermischte Meinungen und Sprüche‹ veröffentlicht und damit gezeigt, wohin Sie gehören. Ich bin darauf gespannt, was es im nächsten Jahr Neues von Ihnen gibt. Vielen Dank für das Gespräch, Herr Nietzsche!

(Die Fragen stellte Norbert Tholen; Nietzsches Antworten stammen aus ›Vermischte Meinungen und Sprüche‹.)

VERBORGENE MOTIVE DES DENKENS

26.

Aus der innersten Erfahrung des Denkers. – Nichts wird dem Menschen schwerer, als eine Sache unpersönlich zu fassen: ich meine, in ihr eben eine Sache und *keine Person* zu sehen; ja man kann fragen, ob es ihm überhaupt möglich ist, das Uhrwerk seines personenbildenden, personendichtenden Triebes auch nur einen Augenblick auszuhängen. Verkehrt er doch selbst mit *Gedanken*, und seien es die abstractesten, so, als wären es Individuen, mit denen man kämpfen, an die man sich anschliessen, welche man behüten, pflegen, aufnähren müsse. Belauern und belauschen wir uns nur selber, in jenen Minuten, wo wir einen uns neuen Satz hören oder finden. Vielleicht missfällt er uns, weil er so trotzig, so selbstherrlich dasteht: unbewusst fragen wir uns, ob wir ihm nicht einen Gegensatz als Feind zur Seite ordnen, ob wir ihm ein »Vielleicht«, ein »Mitunter« anhängen können; selbst das Wörtchen »wahrscheinlich« giebt uns eine Genugthuung, weil es die persönlich lästige Tyrannei des Unbedingten bricht. Wenn dagegen jener neue Satz in milderer Form einherzieht, fein duldsam und demüthig und dem Widerspruche gleichsam in die Arme sinkend, so versuchen wir es mit einer andern Probe unserer Selbstherrlichkeit: wie, können wir diesem schwachen Wesen nicht zu Hülfe kommen, es streicheln und nähren, ihm Kraft und Fülle, ja Wahrheit und selbst Unbedingtheit geben? Ist es möglich, uns elternhaft oder ritterlich oder mitleidig gegen dasselbe zu benehmen? – Dann wieder sehen wir hier ein Urtheil und dort ein Urtheil, entfernt von einander, ohne sich anzusehen, ohne sich auf einander zuzubewegen: da kitzelt uns der Gedanke, ob hier nicht eine Ehe zu stiften, ein *Schluss* zu ziehen sei, mit dem Vorgefühle, dass, im Falle sich eine Folge aus diesem Schlusse ergiebt, nicht nur die beiden ehelich verbundenen Urtheile, sondern auch der Ehestifter die Ehre davon habe. Kann man aber weder auf dem Wege des Trotzes und Uebelwollens, noch auf dem des Wohlwollens jenem Gedanken etwas anhaben (hält man ihn für *wahr* –), dann unterwirft man sich und huldigt ihm als einem Führer und Herzoge, giebt ihm einen Ehrenstuhl und spricht nicht ohne Gepränge und Stolz von ihm: denn in *seinem* Glanze glänzt man mit. Wehe dem, der diesen verdunkeln will; es sei denn, dass er selber uns eines Tages bedenklich wird: – dann stossen wir, die unermüdlichen »Königsmacher« (king-makers) der Geschichte des Geistes, ihn vom Throne und heben flugs seinen Gegner hinauf. Diess erwäge man und denke noch ein Stück weiter: gewiss wird Niemand dann noch von einem »Erkenntnisstriebe an und für sich« reden! – Wesshalb zieht also der Mensch das *Wahre* dem Unwahren vor, in diesem *heimlichen* Kampfe mit Gedanken-Personen, in dieser meist versteckt bleibenden Gedanken-Ehestiftung, Gedanken-Staatenbegründung, Gedanken-Kinderzucht, Gedanken-Armen- und Krankenpflege? Aus dem gleichen Grunde, aus dem er die *Gerechtigkeit* im Verkehre mit wirklichen Personen übt: *jetzt* aus Gewohnheit, Vererbung und Anerziehung, *ursprünglich*, weil das Wahre – wie auch das Billige und Gerechte – *nützlicher* und *ehrebringender* ist als das Unwahre. Denn im Reiche des Denkens sind *Macht* und *Ruf* schlecht zu behaupten, die sich auf dem Irrthum oder der Lüge aufbauen: das Gefühl, dass ein solcher Bau irgend einmal zusammenbrechen könne, ist *demüthigend* für das Selbstbewusstsein seines Baumeisters; er schämt sich der Zerbrechlichkeit seines Materials und möchte, weil er *sich* selber *wichtiger* als die übrige Welt nimmt, Nichts thun, was nicht *dauernder* als die übrige Welt wäre. Im Verlangen nach der Wahrheit umarmt er den Glauben an die persönliche Unsterblichkeit, das heisst: den hochmüthigsten und trotzigsten Gedanken, den es giebt, verschwistert, wie er ist, mit dem Hintergedanken »pereat mundus, dum ego salvus sim!« Sein Werk ist ihm zu seinem ego geworden, er schafft sich selber in's Unvergängliche, Allem Trotzbietende um. Sein unermesslicher Stolz ist es, der nur die besten, härtesten Steine zum Werke verwenden will, Wahrheiten also oder Das, was er dafür hält. Mit Recht hat man zu allen Zeiten »das Laster des Wissenden« den *Hochmuth* genannt, – doch würde es ohne dieses triebkräftige Laster erbärmlich um die Wahrheit und deren Geltung auf Erden bestellt sein. Darin dass wir uns vor unsern eigenen Gedanken, Begriffen, Worten *fürchten*, dass wir aber auch in ihnen uns selber *ehren*, ihnen unwillkürlich die Kraft zuschreiben, uns belohnen, verachten, loben und tadeln zu können, darin dass wir also mit ihnen wie mit freien geistigen Personen, mit unabhängigen Mächten verkehren, als Gleiche mit Gleichen – darin hat das seltsame Phänomen seine Wurzel, welches ich »intellectuales Gewissen« genannt habe. – So ist auch hier etwas Moralisches höchster Gattung aus einer Schwarzwurzel herausgeblüht.

Erläuterungen zum Text

das Uhrwerk aushängen: den Ablauf eines Mechanismus bewußt unterbrechen.
Gepränge: Prachtentfaltung; eindrucksvolle (Selbst-)Darstellung.
pereat mundus…: »Mag die Welt untergehen, wenn ich nur gerettet bin!«
ego: Ich.
intellectuales Gewissen: geistige Aufrichtigkeit.
Schwarzwurzel: hier Bezeichnung für die »dunkle«, negative Herkunft der »Pflanze«.

Verständnisfragen zum Text

1. Eine Sache unpersönlich fassen, bedeutet das,
   a) von sich im Umgang damit abzusehen?
   b) kein wahres Interesse an ihr zu haben?
   c) die damit verbundenen Personen nicht zu beachten?

2. Wenn man einen Gedanken für wahr hält, ist es dann so,
   a) daß man ihn besonders persönlich behandeln muß?
   b) daß man ihn zunächst unpersönlich behandeln soll?
   c) daß er endgültig ins Reich des Objektiven gehört?

3. Was macht Nietzsche als ursprüngliches Motiv der Wahrheitsliebe aus,
   a) eine seelische Reinheit?
   b) die Sorge um Gesundheit und Nahrungsmittel?
   c) einen eitlen Egoismus?

4. Hält Nietzsche durch seine Wurzel-Suche das intellektuale Gewissen
   a) für besser verstanden?
   b) für entwertet?
   c) für überwunden?

Testen Sie Ihr Verständnis Nietzsches

Setzen Sie jeweils ein passendes Wort ein:

(72) »Die Menschheit liebt es, die Fragen über Herkunft und Anfänge sich aus dem Sinne zu schlagen: muss man nicht fast …… sein, um den entgegengesetzten Hang in sich zu spüren?« (Menschliches, Allzumenschliches, Nr. 1)
(73) »*Der persönliche …… der Denker* hat schliesslich die Methoden so verschärft, dass wirklich Wahrheiten entdeckt werden konnten und dass die Irrgänge früherer Methoden vor Jedermanns Blicken blosgelegt sind.« (Menschliches, Allzumenschliches, Nr. 634)
(74) »Die Menschen drängen sich zum Lichte, nicht um besser zu sehen, sondern um besser zu …… .« (Der Wanderer und sein Schatten, Nr. 254)

Lösungen der Verständnisfragen: 1a, 2b, 3c, 4a.
Testen Sie Ihr Verständnis Nietzsches: (72) entmenscht, (73) *Kampf*, (74) glänzen.

ART UND WEISE DES STERBENS

88.

Wie man stirbt, ist gleichgültig. – Die ganze Art, wie ein Mensch während seines vollen Lebens, seiner blühenden Kraft an den Tod denkt, ist freilich sehr sprechend und zeugnissgebend für Das, was man seinen Charakter nennt; aber die Stunde des Sterbens selber, seine Haltung auf dem Todtenbette ist fast gleichgültig dafür. Die Erschöpfung des ablaufenden Daseins, namentlich wenn alte Leute sterben, die unregelmässige oder unzureichende Ernährung des Gehirns während dieser letzten Zeit, das gelegentlich sehr Gewaltsame des Schmerzes, das Unerprobte und Neue des ganzen Zustandes und gar zu häufig der An- und Rückfall von abergläubischen Eindrücken und Beängstigungen, als ob am Sterben viel gelegen sei und hier Brücken schauerlichster Art überschritten würden, – diess Alles *erlaubt* es nicht, das Sterben als Zeugniss über den Lebenden zu benützen. Auch ist es nicht wahr, dass der Sterbende im Allgemeinen *ehrlicher* wäre als der Lebende: vielmehr wird fast Jeder durch die feierliche Haltung der Umgebenden, die zurückgehaltenen oder fliessenden Thränen- und Gefühlsbäche zu einer bald bewussten bald unbewussten Komödie der Eitelkeit verführt. Der Ernst, mit dem jeder Sterbende behandelt wird, ist gewiss gar manchem armen verachteten Teufel der feinste Genuss seines ganzen Lebens und eine Art Schadenersatz und Abschlagszahlung für viele Entbehrungen gewesen.

Verständnisfragen zum Text

1. Warum ist nach Nietzsche gleichgültig, wie man stirbt –
   a) weil der Tod ohne jede Bedeutung ist?
   b) weil das Sterben Fremde nichts angeht?
   c) weil das Sterben mehr Vorgang als Handlung ist?

2. Glaubt Nietzsche nicht an die Ehrlichkeit des Sterbenden,
   a) weil diesem eine Rolle zugeteilt wird?

b) weil dieser oft bewußtlos oder betäubt ist?
c) weil er überhaupt nicht an Ehrlichkeit glaubt?

Testen Sie Ihr Verständnis Nietzsches

Setzen Sie jeweils ein passendes Wort ein:

(75) »Es giebt unter den Menschen keine grössere ……, als den Tod; zu zweit im Range steht die Geburt, weil nicht Alle geboren werden, welche doch sterben; dann folgt die Heirath.« (Der Wanderer und sein Schatten, Nr. 58)
(76) »Nicht jedes Ende ist …… . Das Ende der Melodie ist nicht deren Ziel; aber trotzdem: hat die Melodie ihr Ende nicht erreicht, so hat sie auch ihr Ziel nicht erreicht.« (Der Wanderer und sein Schatten, Nr. 204)
(77) »Bei einem Sterbefalle, dem man zusieht, steigt ein Gedanke regelmässig auf, den man sofort, aus einem falschen Gefühl ……, in sich unterdrückt: dass der Act des Sterbens nicht so bedeutend sei, wie die allgemeine Erhfurcht behauptet, und dass der Sterbende im Leben wahrscheinlich wichtigere Dinge verloren habe, als er hier zu verlieren im Begriffe steht.« (Morgenröte, Nr. 349)

Lösungen der Verständnisfragen: 1c, 2a.
Testen Sie Ihr Verständnis Nietzsches: (75) Banalität, (76) das Ziel, (77) der Anständigkeit.

EGOISMUS UND TUGEND

91.

Der Erfolg heiligt die Absichten. – Man scheue sich nicht, den Weg zu einer Tugend zu gehen, selbst wenn man deutlich einsieht, dass Nichts als Egoismus – also Nutzen, persönliches Behagen, Furcht, Rücksicht auf Gesundheit, auf Ruf oder Ruhm – die dazu treibenden Motive sind. Man nennt diese Motive unedel und selbstisch: gut, aber wenn sie uns zu einer Tugend, zum Beispiel Entsagung, Pflichttreue, Ordnung, Sparsamkeit, Maass und Mitte anreizen, so höre man ja auf sie, wie auch ihre Beiworte lauten mögen! Erreicht man nämlich Das, wozu sie rufen, so *veredelt* die *erreichte* Tugend, vermöge der reinen Luft, die sie athmen lässt, und des seelischen Wohlgefühls, das sie mittheilt, immerfort die ferneren Motive unseres Handelns, und wir thun die selben Handlungen später nicht mehr aus den gleichen gröberen Motiven, welche uns früher dazu führten. – Die Erziehung soll desshalb die Tugenden, so gut es geht, *erzwingen*, je nach der Natur des Zöglings: die Tugend selber, als die Sonnen- und Sommerluft der Seele, mag dann ihr eigenes Werk daran thun und Reife und Süssigkeit hinzuschenken.

Erläuterungen zum Text

Mitte: Nach Aristoteles ist die Mitte zwischen zwei Extremen, also etwa die Tapferkeit zwischen Tollkühnheit und Feigheit, eine Tugend.
Beiworte: Beiworte sind die Attribute, mit denen wir etwas bewerten können, also zum Beispiel »*ängstliche* Pflichttreue«.

Verständnisfragen zum Text

1. Wie lauten die Beiworte, an die Nietzsche hier denkt,
   a) häufig – selten, gewöhnlich – überraschend etc.?
   b) selbstlos, gütig, fürsorglich etc.?
   c) egoistisch, ängstlich, berechnend etc.?

2. Warum ist es unerheblich, wie man die ursprünglichen Motive nennt? Ist das so,
   a) weil die Leute keine Ahnung von unseren Motiven haben?
   b) weil es bloß auf deren Erfolg ankommt?
   c) weil in Wahrheit alle Motive gut sind?

Testen Sie Ihr Verständnis Nietzsches

Setzen Sie jeweils ein passendes Wort ein:

(78) »Man wird selten irren, wenn man extreme Handlungen auf ...... , mittelmässige auf Gewöhnung und kleinliche auf Furcht zurückführt.« (Menschliches, Allzumenschliches, Nr. 74)
(79) »Die Gebundenheit der Ansichten, durch Gewöhnung zum Instinct geworden, führt zu dem, was man ...... nennt.« (Menschliches, Allzumenschliches, Nr. 228)
(80) »Das gute Gewissen hat als ...... das böse Gewissen – nicht als Gegensatz: denn alles Gute ist einmal neu, folglich ungewohnt, wider die Sitte, *unsittlich* gewesenund nagte im Herzen des glücklichen Erfinders wie ein Wurm.« (Vermischte Meinungen und Sprüche, Nr. 90)

Lösungen der Verständnisfragen: 1c, 2b.
Testen Sie Ihr Verständnis Nietzsches: (78) Eitelkeit, (79) Charakterstärke, (80) Vorstufe.

KUNST UND KUNSTWERKE

174.

Gegen die Kunst der Kunstwerke. – Die Kunst soll vor Allem und zuerst das Leben *verschönern*, also uns selber den Andern erträglich, womöglich angenehm machen: mit dieser Aufgabe vor Augen, mässigt sie und hält uns im Zaume, schafft Formen des Umgangs, bindet die Unerzogenen an Gesetze des Anstandes, der Reinlichkeit, der Höflichkeit, des Redens und Schweigens zur rechten Zeit. Sodann soll die Kunst alles Hässliche *verbergen* oder *umdeuten*, jenes Peinliche, Schreckliche, Ekelhafte, welches trotz allem Bemühen immer wieder, gemäss der Herkunft der menschlichen Natur, herausbrechen wird: sie soll so namentlich in Hinsicht auf die Leidenschaften und seelischen Schmerzen und Aengste verfahren und im unvermeidlich oder unüberwindlich Hässlichen das *Bedeutende* durchschimmern lassen. Nach dieser grossen, ja übergrossen Aufgabe der Kunst ist die sogenannte eigentliche Kunst, *die der Kunstwerke*, nur ein *Anhängsel*: ein Mensch, der einen Ueberschuss von solchen verschönernden, verbergenden und umdeutenden Kräften in sich fühlt, wird sich zuletzt noch in Kunstwerken dieses Ueberschusses zu entladen suchen; ebenso, unter besondern Umständen, ein ganzes Volk. – Aber gewöhnlich fängt man jetzt die Kunst am Ende an, hängt sich an ihren Schweif und meint, die Kunst der Kunstwerke sei das Eigentliche, von ihr aus solle das Leben verbessert und umgewandelt werden – wir Thoren! Wenn wir die Mahlzeit mit dem Nachtisch beginnen und Süssigkeiten über Süssigkeiten kosten, was Wunders, wenn wir uns den Magen und selbst den Appetit für die gute, kräftige, nährende Mahlzeit, zu der uns die Kunst einladet, verderben!

175.

Fortbestehen der Kunst. – Wodurch besteht jetzt im Grunde eine Kunst der Kunstwerke fort? Dadurch dass die Meisten, welche Musse-Stunden haben, – und nur für Diese giebt es ja eine solche Kunst – nicht glauben ohne Musik, Theater- und Gallerien-Besuch, ohne Roman- und Gedichte-Lesen mit ihrer Zeit fertig zu werden. Gesetzt, man könnte sie von dieser Befriedigung *abhalten*, so würden sie entweder nicht so eifrig nach Musse streben, und der neiderregende Anblick der Reichen würde *seltener* – ein grosser Gewinn für den Bestand der Gesellschaft; oder sie hätten Musse, lernten aber *nachdenken* – was man lernen und verlernen kann – über ihre Arbeit zum Beispiel, ihre Verbindungen, über Freuden, die sie erweisen könnten; alle Welt, mit Ausnahme der Künstler, hätte in beiden Fällen den Vortheil davon. – Es giebt gewiss manchen kraft- und sinnvollen Leser, der hier einen guten Einwand zu machen versteht. Der Plumpen und Böswilligen halber soll es doch einmal gesagt werden, dass es hier, wie so oft in diesem Buche, dem Autor eben auf den Einwand ankommt, und dass Manches in ihm zu lesen ist, was nicht gerade darin geschrieben steht.

Verständnisfragen zum Text

1. Ist es nach Nietzsche das erste Ziel der Kunst,
   a) die Menschen zu erfreuen?
   b) die Menschen zu formen?
   c) die Menschen zu unterhalten?

2. Ist es das zweite Hauptziel der Kunst,
   a) die Lebensumstände darzustellen?
   b) die Lebensumstände zu deuten?
   c) die Lebensumstände vergessen zu lassen?

3. Vergleicht Nietzsche die Kunstwerke mit dem Nachtisch,
   a) weil sie nicht die Hauptsache sind?
   b) weil sie besonders gut schmecken?
   c) weil sie relativ selten und wertvoll sind?

4. Wirft Nietzsche den normalen Kunstliebhabern vor,
   a) daß sie von Kunst nicht viel verstehen?
   b) daß es ihnen mehr um Geselligkeit geht?
   c) daß sie mit Kunstgenuß die Zeit totschlagen?

5. Fordert er von ihnen,
   a) daß sie lieber nachdenken sollen?
   b) daß sie besser arbeiten sollten?
   c) daß sie sich um ein Kunstverständnis bemühen müßten?

6. Will Nietzsche mit seiner Schlußbemerkung sagen,
   a) daß die Leser keine Ahnung von Kunst haben?
   b) daß er selber die Sache nicht zu Ende gedacht hat?
   c) daß die Leser Mit- und Gegendenker sein sollen?

Testen Sie Ihr Verständnis Nietzsches

Setzen Sie jeweils ein passendes Wort ein:

(81) »Wie die bildende Kunst und die Musik der Maassstab des durch die Religion wirklich erworbenen und hinzugewonnenen Gefühls-Reichthumes ist, so würde nach einem Verschwinden der Kunst die von ihr gepflanzte Intensität und Vielartigkeit der ...... immer noch Befriedigung fordern.« (Menschliches, Allzumenschliches, Nr. 222)
(82) »Wir gehören einer Zeit an, deren Cultur in Gefahr ist, an den Mitteln der ...... zu Grunde zu gehen.« (Menschliches, Allzumenschliches, Nr. 520)
(83) »Was ist am Genie gelegen, wenn es nicht seinem Betrachter und Verehrer solche Freiheit und Höhe des Gefühls mittheilt, dass er ...... nicht mehr bedarf!« (Vermischte Meinungen und Sprüche, Nr. 407)

Lösungen der Verständnisfragen: 1b, 2b, 3a, 4c, 5a, 6c.
Testen Sie Ihr Verständnis Nietzsches: (81) Lebensfreude, (82) Cultur, (83) des Genie's.

MODE

209.

Ursprung und Nutzen der Mode. – Die ersichtliche Selbstzufriedenheit des *Einzelnen* mit seiner Form macht die Nachahmung rege und erschafft allmählich die Form der *Vielen*, das heisst die Mode: diese Vielen wollen durch die Mode eben jene so wohlthuende Selbstzufriedenheit mit der Form und erlangen sie auch. – Wenn man erwägt, wie viel Gründe zu Aengstlichkeit und schüchternem Sichverstecken jeder Mensch hat und wie Dreiviertel seiner Energie und seines guten Willens durch jene Gründe gelähmt und unfruchtbar werden können, so muss man der Mode vielen Dank zollen, insofern sie jenes Dreiviertel entfesselt und Selbstvertrauen und gegenseitiges heiteres Entgegenkommen Denen mittheilt, welche sich unter einander an ihr Gesetz gebunden wissen. Auch thörichte Gesetze geben Freiheit und Ruhe des Gemüths, sofern sich nur Viele ihnen unterworfen haben.

Verständnisfragen zum Text

1. Meint Nietzsche mit »Form« hier
   a) etwas Wesentliches?
   b) etwas Schönes?
   c) etwas Äußerliches?

2. Hält Nietzsche die Mode
   a) nur für hilfreich und richtig?
   b) für hilfreich und töricht zugleich?
   c) nur für sinnlos und töricht?

Testen Sie Ihr Verständnis Nietzsches

Setzen Sie jeweils ein passendes Wort ein:

(84) »Im Ganzen wird also gerade *nicht* das *Wechselnde* das charakteristische Zeichen der *Mode* und des *Modernen* sein,

denn gerade der Wechsel ist etwas Rückständiges und bezeichnet die noch *ungereiften* männlichen und weiblichen Europäer: sondern die Ablehnung der nationalen, ständischen und individuellen …… .« (Der Wanderer und sein Schatten, Nr. 215)

(85) »Wer sich mit reingewaschenen Lumpen kleidet, kleidet sich zwar reinlich, aber doch …… .« (Der Wanderer und sein Schatten, Nr. 199)

(86) »Wenn man gerade so viel *gelten* will, als man *ist*, muss man Etwas sein, das …… hat.« (Der Wanderer und sein Schatten, Nr. 334)

Lösungen der Verständnisfragen: 1c, 2b.
Testen Sie Ihr Verständnis Nietzsches: (84) Eitelkeit, (85) lumpenhaft, (86) *seine Taxe*.

DAS EIGENTLICH HEIDNISCHE

220.

Das eigentlich Heidnische. – Vielleicht giebt es nichts Befremdenderes für Den, welcher sich die griechische Welt ansieht, als zu entdecken, dass die Griechen allen ihren Leidenschaften und bösen Naturhängen von Zeit zu Zeit gleichsam Feste gaben und sogar eine Art Festordnung ihres Allzumenschlichen von Staatswegen einrichteten: es ist diess das eigentlich Heidnische ihrer Welt, vom Christenthume aus nie begriffen, nie zu begreifen und stets auf das Härteste bekämpft und verachtet. – Sie nahmen jenes Allzumenschliche als unvermeidlich und zogen vor, statt es zu beschimpfen, ihm eine Art Recht zweiten Ranges durch Einordnung in die Bräuche der Gesellschaft und des Cultus' zu geben: ja, alles, was im Menschen *Macht* hat, nannten sie göttlich und schrieben es an die Wände ihres Himmels. Sie leugnen den Naturtrieb, der in den schlimmen Eigenschaften sich ausdrückt, nicht ab, sondern ordnen ihn ein und beschränken ihn auf bestimmte Culte und Tage, nachdem sie genug Vorsichtsmaassregeln erfunden haben, um jenen wilden Gewässern einen möglichst unschädlichen Abfluss geben zu können. Diess ist die Wurzel aller moralistischen Freisinnigkeit des Altherthums. Man gönnte dem Bösen und Bedenklichen, dem Thierisch-Rückständigen ebenso wie dem Barbaren, Vor-Griechen und Asiaten, welcher im Grunde des griechischen Wesens noch lebte, eine mässige Entladung und strebte nicht nach seiner völligen Vernichtung. Das ganze System solcher Ordnungen umfasste der Staat, der nicht auf einzelne Individuen oder Kasten, sondern auf die gewöhnlichen menschlichen Eigenschaften hin construirt war. In seinem Baue zeigen die Griechen jenen wunderbaren Sinn für das Typisch-Thatsächliche, der sie später befähigte, Naturforscher, Historiker, Geographen und Philosophen zu werden. Es war nicht ein beschränktes, priesterliches oder kastenmässiges Sittengesetz, welches bei der Verfassung des Staates und Staats-Cultus' zu entscheiden hatte: sondern die umfänglichste Rücksicht auf die *Wirklichkeit alles Menschlichen.* – Woher haben die Griechen diese Freiheit, diesen Sinn für das Wirkliche? Vielleicht von Homer und den Dichtern vor ihm; denn gerade die Dichter, deren Natur nicht die gerechteste und weiseste zu sein pflegt, besitzen dafür jene Lust am Wirklichen, Wirkenden *jeder Art* und wollen selbst das Böse nicht völlig verneinen: es genügt ihnen, dass es sich mässige und nicht Alles todtschlage oder innerlich giftig mache – das heisst, sie denken ähnlich wie die griechischen Staatenbildner und sind deren Lehrmeister und Wegebahner gewesen.

Erläuterungen zum Text

Naturhänge: Der Hang der (menschlichen) Natur ist das, wozu es sie von sich aus drängt; ungewöhnliche Pluralform: Naturhänge.
Kaste: hier im Sinn von Sondergruppe, Schicht.
Staats-Cultus: In der Antike gab es durchweg den vom Staat organisierten Gottesdienst (Kultus), in dem der Gott (oder die Götter) des Landes verehrt wurde.
Homer: Dichter der Heldenepen »Ilias« und »Odysse«; in ihnen werden viele der griechischen Mythen erzählt.

Verständnisfragen zum Text

1. Wenn die Griechen auch das Böse in die Religion einbauten, taten sie das, weil sie
   a) in ihrer moralischen Entwicklung noch nicht so weit waren?
   b) das, was Macht hat, als göttlich verehrten?
   c) sich bewußt vom Judentum abgrenzen wollten?

2. Von welchem Prinzip ließen sie sich dabei leiten:
   a) besser ausleben als unterdrücken?
   b) besser vorbeugen als heilen?
   c) besser schlagen als leiden?

3. Wenn sie damit die gewöhnlichen menschlichen Eigenschaften berücksichtigten, heißt das,
   a) daß sie auf Ideale verzichteten?
   b) daß sie gerade auch die Fremden berücksichtigten?
   c) daß sie sich am tatsächlichen Menschen orientierten?

Testen Sie Ihr Verständnis Nietzsches

Setzen Sie jeweils ein passendes Wort ein:

(87) »Wer ...... als Heerde betrachtet, und vor ihnen so schnell er kann flieht, den werden sie gewiss einholen und mit ihren Hörnern stossen.« (Vermischte Meinungen und Sprüche, Nr. 233)
(88) »In jeder asketischen Moral betet der Mensch einen Theil von sich als Gott an und hat dazu nöthig, den übrigen Teil zu ....« (Menschliches, Allzumenschliches, Nr. 137)
(89) »...... ist das Jasagen zum Natürlichen, das Unschuldsgefühl im Natürlichen, ›die Natürlichkeit‹.« (Aus dem Nachlaß)

Lösungen der Verständnisfragen: 1b, 2a, 3c.
Testen Sie Ihr Verständnis Nietzsches: (87) die Menschen, (88) diabolisiren, (89) *Heidnisch*.

VERGANGENES SEHEN

223.

Wohin man reisen muss. – Die unmittelbare Selbstbeobachtung reicht nicht lange aus, um sich kennen zu lernen: wir brauchen Geschichte, denn die Vergangenheit strömt in hundert Wellen in uns fort; wir selber sind ja Nichts als Das, was wir in jedem Augenblick von diesem Fortströmen empfinden. Auch hier sogar, wenn wir in den Fluss unseres anscheinend eigensten und persönlichsten Wesens hinabsteigen wollen, gilt Heraklit's Satz: man steigt nicht zweimal in den selben Fluss. – Das ist eine Weisheit, die allmählich zwar altbacken geworden, aber trotzdem eben so kräftig und nahrhaft geblieben ist, wie sie es je war: ebenso wie jene, dass, um Geschichte zu verstehen, man die lebendigen Ueberreste geschichtlicher Epochen aufsuchen müsse, – dass man *reisen* müsse, wie Altvater Herodot reiste, zu Nationen – diese sind ja nur festgewordene ältere *Culturstufen*, auf die man sich *stellen* kann –, zu sogenannten wilden und halbwilden Völkerschaften namentlich, dorthin wo der Mensch das Kleid Europa's ausgezogen oder noch nicht angezogen hat. Nun giebt es aber noch eine *feinere* Kunst und Absicht des Reisens, welche es nicht immer nöthig macht, von Ort zu Ort und über Tausende von Meilen hin den Fuss zu setzen. Es leben sehr wahrscheinlich die letzten drei Jahrhunderte in allen ihren Culturfärbungen und -Strahlenbrechungen auch in *unserer Nähe* noch fort: sie wollen nur *entdeckt* werden. In manchen Familien, ja in einzelnen Menschen liegen die Schichten schön und übersichtlich noch übereinander: anderswo giebt es schwieriger zu verstehende Verwerfungen des Gesteins. Gewiss hat sich in abgelegenen Gegenden, in weniger betretenen Gebirgsthälern, umschlosseneren Gemeinwesen ein ehrwürdiges Musterstück sehr viel älterer Empfindung leichter erhalten können und muss hier aufgespürt werden: während es zum Beispiel unwahrscheinlich ist, in Berlin, wo der Mensch ausgelaugt und abgebrüht zur Welt kommt, solche Entdeckungen zu machen. Wer nach langer Uebung in dieser Kunst des Reisens, zum hundertäugigen Argos geworden ist, der wird *seine Io* – ich meine sein *ego* – endlich überall hinbegleiten und in Aegypten und Griechenland, Byzanz und Rom, Frankreich und Deutschland, in der Zeit der wandernden oder der festsitzenden Völker, in Renaissance und Reformation, in Heimat und Fremde, ja in Meer, Wald, Pflanze und Gebirge, die Reise-Abenteuer dieses werdenden und verwandelten ego wieder entdecken. – So wird Selbst-Erkenntniss zur All-Erkenntniss in Hinsicht auf alles Vergangene: wie, nach einer andern, hier nur anzudeutenden Betrachtungskette, Selbstbestimmung und Selbsterziehung in den freiesten und weitest blickenden Geistern einmal zur All-Bestimmung, in Hinsicht auf alles zukünftige Menschenthum werden könnte.

Erläuterungen zum Text

Heraklit: griechischer Philosoph (550–480 v. Chr.), der die stete Veränderung aller Dinge lehrte.
altbacken: zunächst vom alten Brot gesagt, dann im übertragenen Sinn.
Herodot: griechischer Geschichtsschreiber (490–430 v. Chr.), reiste nach Ägypten und in den Nahen Osten.
das Kleid Europa's: europäische Kultur, Lebensart.
Verwerfung: Bruch in einer Gesteinsschicht, durch Bewegungen der Erdkruste hervorgerufen.
Argos und Io: Weil Zeus Io, die schöne Tochter des Flußgottes Inachos, eine Priesterin der Hera, liebte, verwandelte seine eifersüchtige Gattin Hera die Io in eine weiße Kuh und gab ihr als Wächter den hundertäugigen Riesen Argos.
ego: Ich.
Renaissance und Reformation: Für Nietzsche war die Renaissance eine Blütezeit, die Reformation eine Zeit der Verdunkelung der Vernunft.

Verständnisfragen zum Text

1. Spricht Nietzsche mit dem Bild vom Fluß des Lebens von
   a) dessen Veränderung?
   b) dessen Geschwindigkeit?
   c) dessen Fruchtbarkeit?

2. Muß man die Überreste des Vergangenen aufsuchen,
   a) um das geschichtlich Gewordene zu verstehen?
   b) um sich ein eigenes Bild der Geschichte zu machen?
   c) um im Gespräch mitreden zu können?

3. Wenn man zum hundertäugigen Argos wird, wird man dann
   a) besonders mißtrauisch?
   b) besonders hellsichtig?
   c) besonders wachsam?

Testen Sie Ihr Verständnis Nietzsches

Setzen Sie jeweils ein passendes Wort ein:

(90) »Alle Philosophen haben den gemeinsamen ...... an sich, dass sie vom gegenwärtigen Menschen ausgehen und durch eine Analyse desselben an's Ziel zu kommen meinen.« (Menschliches, Allzumenschliches, Nr. 2)
(91) »Es ist ...... , gewisse Phasen der Entwickelung, welche die geringeren Menschen fast gedankenlos durchleben und von der Tafel ihrer Seele dann wegwischen, mit Bewusstsein festzuhalten und ein getreues Bild davon zu entwerfen: denn diess ist die höhere Gattung der Malerkunst, welche nur Wenige verstehen.« (Menschliches, Allzumenschliches, Nr. 274)
(92) »Die vollendet gedachte Historie wäre ...... Selbstbewusstsein.« (Vermischte Meinungen und Sprüche, Nr. 185)

Lösungen der Verständnisfragen: 1a, 2a, 3b.
Testen Sie Ihr Verständnis Nietzsches: (90) Fehler, (91) ein Zeichen überlegener Cultur, (92) kosmisches.

DER WANDERER UND SEIN SCHATTEN

5.

Sprachgebrauch und Wirklichkeit. – Es giebt eine erheuchelte Missachtung aller der Dinge, welche thatsächlich die Menschen am wichtigsten nehmen, *aller nächsten Dinge.* Man sagt zum Beispiel »man isst nur, um zu leben«, – eine verfluchte *Lüge*, wie jene, welche von der Kinderzeugung als der eigentlichen Absicht aller Wollust redet. Umgekehrt ist die Hochschätzung der »wichtigsten Dinge« fast niemals ganz ächt: die Priester und Metaphysiker haben uns zwar auf diesen Gebieten durchaus an einen heuchlerisch übertreibenden *Sprachgebrauch* gewöhnt, aber das Gefühl doch nicht umgestimmt, welches diese wichtigsten Dinge nicht so wichtig nimmt, wie jene verachteten nächsten Dinge. – Eine leidige Folge dieser doppelten Heuchelei aber ist immerhin, dass man die nächsten Dinge, zum Beispiel Essen, Wohnen, Sich-Kleiden, Verkehren, nicht zum Object des stätigen unbefangenen und *allgemeinen* Nachdenkens und Umbildens macht, sondern, weil diess für herabwürdigend gilt, seinen intellectuellen und künstlerischen Ernst davon abwendet; so dass hier die Gewohnheit und die Frivolität über die Unbedachtsamen, namentlich über die unerfahrene Jugend leichten Sieg haben: während andererseits unsere fortwährenden Verstösse gegen die einfachsten Gesetze des Körpers und Geistes uns Alle, Jüngere und Aeltere, in eine beschämende Abhängigkeit und Unfreiheit bringen, – ich meine in jene im Grunde überflüssige Abhängigkeit von Aerzten, Lehrern und Seelsorgern, deren Druck jetzt immer noch auf der ganzen Gesellschaft liegt.

6.

Die irdische Gebrechlichkeit und ihre Hauptursache. – Man trifft, wenn man sich umsieht, immer auf Menschen, welche ihr Lebenlang Eier gegessen haben, ohne zu bemerken, dass die länglichten die wohlschmeckendsten sind, welche nicht wissen, dass ein Gewitter dem Unterleib förderlich ist, dass Wohlgerüche in kalter klarer Luft am stärksten riechen, dass unser Geschmackssinn an verschiedenen Stellen des Mundes ungleich ist, dass jede Mahlzeit, bei der man gut spricht oder gut hört, dem Magen Nachtheil bringt. Man mag mit diesen Beispielen für den Mangel an Beobachtungssinn nicht zufrieden sein, um so mehr möge man zugestehen, dass die *allernächsten Dinge* von den Meisten sehr schlecht gesehen, sehr selten beachtet werden. Und ist diess gleichgültig? – Man erwäge doch, dass aus diesem Mangel sich *fast alle leiblichen und seelischen Gebrechen* der Einzelnen ableiten: nicht zu wissen, was uns förderlich, was uns schädlich ist, in der Einrichtung der Lebensweise, Vertheilung des Tages, Zeit und Auswahl des Verkehres, in Beruf und Musse, Befehlen und Gehorchen, Natur- und Kunstempfinden, Essen, Schlafen und Nachdenken; *im Kleinsten und Alltäglichsten unwissend* zu sein und keine scharfen Augen zu haben – das ist es, was die Erde für so Viele zu einer »Wiese des Unheils« macht. Man sage nicht, es liege hier wie überall an der menschlichen *Unvernunft*: vielmehr – Vernunft genug und übergenug ist da, aber sie wird *falsch* gerichtet und *künstlich* von jenen kleinen und allernächsten Dingen *abgelenkt*. Priester und Lehrer, und die sublime Herrschsucht der Idealisten jeder Art, der gröberen und feineren, reden schon dem Kinde ein, es komme auf etwas ganz Anderes an: auf das Heil der Seele, den Staatsdienst, die Förderung der Wissenschaft, oder auf Ansehen und Besitz, als die Mittel, der ganzen Menschheit Dienste zu erweisen, während das Bedürfniss des Einzelnen, seine grosse und kleine Noth innerhalb der vierundzwanzig Tagesstunden etwas Verächtliches oder Gleichgültiges sei. – Sokrates schon wehrte sich mit allen Kräften gegen diese hochmüthige Vernachlässigung des Menschlichen zu Gunsten des Menschen und liebte es, mit einem Worte Homer's, an den wirklichen Umkreis und Inbegriff alles Sorgens und Nachdenkens zu mahnen: Das ist es und nur Das, sagt er, »was mir zu Hause an Gutem und Schlimmem begegnet«.

Erläuterungen zum Text

Metaphysiker: jemand, der überweltliche Einsicht zu gewinnen sich bemüht.
Frivolität: Verstoß gegen die guten Sitten.
»Wiese des Unheils«: eine Hölle (Zitat eines Fragments des griechischen Philosophen Empedokles, 485–425 v. Chr.).
sublim: erhaben, fein.
Idealist: Vertreter höherer Ideale.
Sokrates: griechischer Philosoph (470–399 v. Chr.), der sich um die Übereinstimmung des Wissens und Handelns bemühte; er wandte sein Denken dem menschlichen Leben zu.
Homer: altgriechischer Dichter, dessen Verse oft zitiert wurden.

Verständnisfragen zum Text

1. Zu den vermeintlich »wichtigsten Dingen« zählen
   a) die religiösen Fragen.
   b) die wirtschaftlichen Fragen.
   c) die Fragen des Naturschutzes.

2. Besteht die Frivolität der »Heuchler« darin,
   a) heimlich anstößige Zeitschriften zu produzieren?
   b) selber gegen die eigenen Regeln zu verstoßen?
   c) die Unselbständigen hinters Licht zu führen?

3. Besteht die Herrschsucht der Idealisten darin,
   a) daß sie mit ihren Idealen Menschen beherrschen wollen?
   b) daß sie möglichst hohe Ämter erhalten wollen?
   c) daß sie ihren Ehrgeiz nicht sublimieren können?

4. Nietzsche nennt »die Vernachlässigung des Menschlichen« hochmütig,
   a) weil ihm kein besserer Begriff eingefallen ist.
   b) weil das Menschliche aus einer vermeintlich übermenschlichen Position abgewertet wird.

c) weil er persönliche Überheblichkeit als Grund der Lügen erkannt hat.

Testen Sie Ihr Verständnis Nietzsches

Setzen Sie jeweils ein passendes Wort ein:

(93) »Es ist das Merkmal einer höhern Cultur, die kleinen …… Wahrheiten, welche mit strenger Methode gefunden wurden, höher zu schätzen als die beglückenden und blendenden Irrthümer, welche metaphysischen und künstlerischen Zeitaltern und Menschen entstammen.« (Menschliches, Allzumenschliches, Nr. 3)

(94) »Eine Philosophie kann entweder so nützen, daß sie jene [religiösen, N.T.] Bedürfnisse auch *befriedigt* oder dass sie dieselben …… ; denn es sind angelernte, zeitlich begränzte Bedürfnisse, welche auf Voraussetzungen beruhen, die denen der Wissenschaft widersprechen.« (Menschliches, Allzumenschliches, Nr. 27)

(95) »Wir müssen wieder …… *der nächsten Dinge* werden und nicht so verächtlich wie bisher über sie hinweg nach Wolken und Nachtunholden hinblicken.« (Der Wanderer und sein Schatten, Nr. 16)

Lösungen der Verständnisfragen: 1a, 2c, 3a, 4b.
Testen Sie Ihr Verständnis Nietzsches: (93) unscheinbaren, (94) *beseitigt*, (95) *gute Nachbarn*.

DINGE IM FLUSS

11.

Die Freiheit des Willens und die Isolation der Facta. – Unsere gewohnte ungenaue Beobachtung nimmt eine Gruppe von Erscheinungen als Eins und nennt sie ein Factum: zwischen ihm und einem andern Factum denkt sie sich einen leeren Raum hinzu, sie *isolirt* jedes Factum. In Wahrheit aber ist all unser Handeln und Erkennen keine Folge von Facten und leeren Zwischenräumen, sondern ein beständiger Fluss. Nun ist der Glaube an die Freiheit des Willens gerade mit der Vorstellung eines beständigen, einartigen, ungetheilten, untheilbaren Fliessens unverträglich: er setzt voraus, dass *jede einzelne Handlung isolirt und untheilbar* ist; er ist eine *Atomistik* im Bereiche des Wollens und Erkennens. – Gerade so wie wir Charaktere ungenau verstehen, so machen wir es mit den Facten: wir sprechen von gleichen Charakteren, gleichen Facten: *beide giebt es nicht.* Nun loben und tadeln wir aber nur unter dieser falschen Voraussetzung, dass es *gleiche* Facta gebe, dass eine abgestufte Ordnung von *Gattungen* der Facten vorhanden sei, welcher eine abgestufte Werthordnung entspreche: also wir *isoliren* nicht nur das einzelne Factum, sondern auch wiederum die Gruppen von angeblich gleichen Facten (gute, böse, mitleidige, neidische Handlungen u.s.w.) – beide Male irrthümlich. – Das Wort und der Begriff sind der sichtbarste Grund, wesshalb wir an diese Isolation von Handlungen-Gruppen glauben: mit ihnen *bezeichnen* wir nicht nur die Dinge, wir meinen ursprünglich durch sie das *Wesen* derselben zu erfassen. Durch Worte und Begriffe werden wir jetzt noch fortwährend verführt, die Dinge uns einfacher zu denken, als sie sind, getrennt von einander, untheilbar, jedes an und für sich seiend. Es liegt eine philosophische Mythologie in der *Sprache* versteckt, welche alle Augenblicke wieder herausbricht, so vorsichtig man sonst auch sein mag. Der Glaube an die Freiheit des Willens, das heisst der *gleichen* Facten und der *isolirten* Facten, – hat in der Sprache seinen beständigen Evangelisten und Anwalt.

Erläuterungen zum Text

Atomistik: Lehre von den Atomen (kleinsten Einheiten) bzw. Glaube an deren Existenz.
Mythologie: Gesamtheit der (erfundenen) Göttergeschichten.
Evangelist: Bote, Verkünder einer religiösen Botschaft.

Verständnisfragen zum Text

1. Wenn Nietzsche hier von »Factum« spricht, meint er dann
   a) hauptsächlich etwas Sichtbares?
   b) hauptsächlich etwas Greifbares?
   c) etwas Beständiges, ein »Ding«?

2. Denkt Nietzsche mit den leeren Zwischenräumen den Unterschied
   a) zwischen Materie und Nichts?
   b) zwischen dem Abgegrenzten und dem Kontinuierlichen?
   c) zwischen dem Sichtbaren und dem Unsichtbaren?

3. Ist »die Freiheit des Willens« an die »Isolation« der Handlungen gebunden,
   a) weil im fließenden Geschehen kein freies Subjekt sein kann?
   b) weil nur ein Subjekt »Freiheit« denken kann?
   c) weil nur Bekanntes gewollt werden kann?

4. Sind Wort und Begriff nach Nietzsche der letzte Grund des Glaubens an Fakten und Handlungen,
   a) weil sie Eines und Gleiches zu erfassen scheinen?
   b) weil sie so leicht wiederholt werden können?
   c) weil wir sie von Kindheit an lernen?

Testen Sie Ihr Verständnis Nietzsches

Setzen Sie jeweils ein passendes Wort ein:

(96) »Aus der Periode der niederen Organismen her ist dem Menschen der Glaube vererbt, daß es …… *Dinge* giebt (erst die durch höchste Wissenschaft ausgebildete Erfahrung widerspricht diesem Satze).« (Menschliches, Allzumenschliches, Nr. 18)
(97) »So bilden sich angewöhnte rasche Verbindungen von Gefühlen und Gedanken, welche zuletzt, wenn sie blitzschnell hinter einander erfolgen, nicht einmal mehr als Complexe, sondern als …… empfunden werden.« (Menschliches, Allzumenschliches, Nr. 14)
(98) »Auch die *Logik* beruht auf Voraussetzungen, denen Nichts in der wirklichen Welt entspricht, z.B. auf der Voraussetzung der Gleichheit von Dingen, der …… des selben Dings in verschiedenen Puncten der Zeit: aber jene Wissenschaft entstand durch den entgegengesetzten Glauben (dass es dergleichen in der wirklichen Welt allerdings gebe).« (Menschliches, Allzumenschliches, Nr. 11)

Lösungen der Verständnisfragen: 1c, 2b, 3a, 4a.
Testen Sie Ihr Verständnis Nietzsches: (96) *gleiche*, (97) *Einheiten*, (98) Identität.

NACHBARN DER NÄCHSTEN DINGE WERDEN

16.

Worin Gleichgültigkeit noth thut. – Nichts wäre verkehrter, als abwarten wollen, was die Wissenschaft über die ersten und letzten Dinge einmal endgültig feststellen wird, und bis dahin auf die *herkömmliche* Weise denken (und namentlich glauben!) – wie diess so oft angerathen wird. Der Trieb, auf diesem Gebiete durchaus *nur Sicherheiten* haben zu wollen, ist ein *religiöser Nachtrieb*, nichts Besseres, – eine versteckte und nur scheinbar skeptische Art des »metaphysischen Bedürfnisses«, mit dem Hintergedanken verkuppelt, dass noch lange Zeit keine Aussicht auf diese letzten Sicherheiten vorhanden, und bis dahin der »Gläubige« im Recht ist, sich um das ganze Gebiet nicht zu kümmern. Wir haben diese Sicherheiten um die alleräussersten Horizonte gar nicht *nöthig*, um ein volles und tüchtiges Menschenthum zu leben: ebenso wenig als die Ameise sie nöthig hat, um eine gute Ameise zu sein. Vielmehr müssen wir uns darüber in's Klare bringen, woher eigentlich jene fatale Wichtigkeit kommt, die wir jenen Dingen so lange beigelegt haben, und dazu brauchen wir die *Historie* der ethischen und religiösen Empfindungen. Denn nur unter dem Einfluss dieser Empfindungen sind uns jene allerspitzesten Fragen der Erkenntniss so erheblich und furchtbar geworden: man hat in die äussersten Bereiche, *wohin* noch das geistige Auge dringt, ohne *in sie* einzudringen, solche Begriffe wie Schuld und Strafe (und zwar ewige Strafe!) hineinverschleppt: und diess um so unvorsichtiger, je dunkler diese Bereiche waren. Man hat seit Alters mit Verwegenheit dort phantasirt, wo man Nichts feststellen konnte, und seine Nachkommen überredet, diese Phantasien für Ernst und Wahrheit zu nehmen, zuletzt mit dem abscheulichen Trumpfe: dass Glaube mehr werth sei, als Wissen. Jetzt nun thut in Hinsicht auf jene letzten Dinge nicht Wissen gegen Glauben noth, sondern *Gleichgültigkeit gegen Glauben und angebliches Wissen* auf jenen Gebieten! – *Alles* Andere muss uns näher stehen, als Das, was man uns bisher als das Wichtigste vorgepredigt hat: ich meine jene Fragen: wozu der Mensch? Welches Loos hat er nach dem Tode? Wie versöhnt er sich mit Gott? Und wie diese Curiosa lauten mögen. Ebensowenig, wie diese Fragen der Religiösen, gehen uns die Fragen der philosophischen Dogmatiker an, mögen sie nun Idealisten oder Materialisten oder Realisten sein. Sie allesammt sind darauf aus, uns zu einer Entscheidung auf Gebieten zu drängen, wo weder Glauben noch Wissen noth thut; selbst für die grössten Liebhaber der Erkenntniss ist es nützlicher, wenn um alles Erforschbare und der Vernunft Zugängliche ein umnebelter trügerischer Sumpfgürtel sich legt, ein Streifen des Undurchdringlichen, Ewig-Flüssigen und Unbestimmbaren. Gerade durch die Vergleichung mit dem Reich des Dunkels am Rande der Wissens-Erde steigt die helle und nahe, nächste Welt des Wissens stets im Werthe. – Wir müssen wieder *gute Nachbarn der nächsten Dinge* werden und nicht so verächtlich wie bisher über sie hinweg nach Wolken und Nachtunholden hinblicken. In Wäldern und Höhlen, in sumpfigen Strichen und unter bedeckten Himmeln – da hat der Mensch als auf den Culturstufen ganzer Jahrtausende allzulange gelebt, und dürftig gelebt. Dort hat er die Gegenwart und die Nachbarschaft und das Leben und sich selbst *verachten gelernt* – und wir, wir Bewohner der *lichteren* Gefilde der Natur und des Geistes, bekommen jetzt noch, durch Erbschaft, Etwas von diesem Gift der Verachtung gegen das Nächste in unser Blut mit.

Erläuterungen zum Text

Nietzsche behandelt hier ein Thema, auf das er öfter zu sprechen kommt – so bereits in ›Menschliches, Allzumenschliches‹ (Nr. 3; 9; 130 f.) – und das unter dem Stichwort ›Scham‹ erneut bedacht wird; beachten Sie auch das Stichwort ›Ohne Lüge leben‹.

auf die herkömmliche Weise denken: Falls Nietzsche hier nicht nur an gebräuchliche Grundsätze denkt, spielt er auf eine Einstellung an, die René Descartes (1596–1650) in seinem Buch ›Von der Methode‹, III. Teil, empfohlen hat.

Nachtrieb: ein Fortleben erworbener Bedürfnisse.
skeptisch: Wer an der Möglichkeit von Erkenntnis zweifelt, ist skeptisch.
metaphysisches Bedürfnis: Bedürfnis nach letzter Sicherheit und Gewißheit.
fatal: verhängnisvoll; fatal war dieser Glaube, weil man sein Leben von Himmelshoffnungen und Höllenängsten bestimmen ließ.
Historie: Geschichte. Daß historisches Philosophieren das Gebot der Zeit ist, hat Nietzsche in ›Menschliches, Allzumenschliches‹ erklärt (Nr. 1 und 2); dort hat er auch »Das religiöse Leben« entsprechend untersucht (ab Nr. 108).
Dogmatiker: jemand, der (unbegründet) an unbezweifelbaren Sätzen festhält.
Idealist: jemand, der im Geist das letzte Weltprinzip sieht.
Materialist: jemand, der die Materie für das letzte Prinzip hält.
Realist: jemand, der an die Realität der Welt unabhängig von unserer Erkenntnis, zugleich an die Möglichkeit der Erkenntnis glaubt.
Gefilde: (= Felder) liebliche Landschaft, Gegend.

Verständnisfragen zum Text

1. Neugier in den letzten Dingen ist als »religiöser Nachtrieb« zu verstehen, weil
   a) die Religion für Nietzsche überholt ist.
   b) die Religion mit dem ewigen (Un)Heil befaßt war.
   c) die Religion unterirdisch weiterleben muß.

2. Wenn in solchen Fragen Gleichgültigkeit nottut, heißt das,
   a) daß wir dort nichts wissen können.
   b) daß wir dort noch nicht genau Bescheid wissen.
   c) daß wir dort nichts zu wissen brauchen.

3. Nietzsche predigt diese Gleichgültigkeit, damit wir
   a) uns den realen Dingen zuwenden.

b) klüger als unsere Vorfahren werden.
c) bessere Wissenschaftler werden können.

4. Die Selbstverachtung ist nach Nietzsche dadurch zustande gekommen,
a) daß der Mensch seine wahre Bosheit erkannte.
b) daß der Mensch sich mit den Nachbarn verglich.
c) daß der Mensch sich an übermenschlichen Maßstäben maß.

Testen Sie Ihr Verständnis Nietzsches

Setzen Sie jeweils ein passendes Wort ein:

(99) »Es ist wahr, es könnte eine metaphysische Welt geben; die absolute Möglichkeit davon ist kaum zu bekämpfen [...]; aber mit ihr kann man gar Nichts anfangen, geschweige denn, dass man Glück, Heil und Leben von den ...... einer solchen Möglichkeit abhängen lassen dürfte.« (Menschliches, Allzumenschliches, Nr. 9)
(100) »Epikur, der Seelen-Beschwichtiger des späteren Alterthums, hatte jene wundervolle Einsicht, die heutzutage immer noch so selten finden ist, dass zur ...... des Gemüths die Lösung der letzten und äussersten theoretischen Fragen gar nicht nöthig sei.« (Der Wanderer und sein Schatten, Nr. 7)
(101) »*Erster Grundsatz*: man soll das Leben auf das Sicherste, Beweisbarste hin einrichten: nicht wie bisher auf das ......, Unbestimmteste, Horizont-Wolkenhafteste hin.« (Der Wanderer und sein Schatten, Nr. 310)

Lösungen der Verständnisfragen: 1b, 2c, 3a, 4c.
Testen Sie Ihr Verständnis Nietzsches: (99) Spinnfäden, (100) Beruhigung, (101) Entfernteste.

GLEICHGEWICHT ALS PRINZIP

22.

Princip des Gleichgewichts. – Der Räuber und der Mächtige, welcher einer Gemeinde verspricht, sie gegen den Räuber zu schützen, sind wahrscheinlich im Grunde ganz ähnliche Wesen, nur dass der zweite seinen Vortheil anders, als der erste erreicht: nämlich durch regelmässige Abgaben, welche die Gemeinde an ihn entrichtet, und nicht mehr durch Brandschatzungen. (Es ist das nämliche Verhältniss wie zwischen Handelsmann und Seeräuber, welche lange Zeit ein und die selbe Person sind: wo ihr die eine Function nicht räthlich scheint, da übt sie die andere aus. Eigentlich ist ja selbst jetzt noch alle Kaufmanns-Moral nur die *Verklügerung* der Seeräuber-Moral: so wohlfeil wie möglich kaufen – womöglich für Nichts, als die Unternehmungskosten –, so theuer wie möglich verkaufen.) Das Wesentliche ist: jener Mächtige verspricht, gegen den Räuber *Gleichgewicht* zu halten; darin sehen die Schwachen eine Möglichkeit, zu leben. Denn entweder müssen sie sich selber zu einer *gleichwiegenden* Macht zusammenthun oder sich einem Gleichwiegenden unterwerfen (ihm für seine Leistungen Dienste leisten). Dem letzteren Verfahren wird gern der Vorzug gegeben, weil es im Grunde *zwei* gefährliche Wesen in Schach hält: das erste durch das zweite und das zweite durch den Gesichtspunct des Vortheils; letzteres hat nämlich seinen Gewinn davon, die Unterworfenen gnädig oder leidlich zu behandeln, damit sie nicht nur sich, sondern auch ihren Beherrscher ernähren können. Thatsächlich kann es dabei immer noch hart und grausam genug zugehen, aber verglichen mit der früher immer möglichen völligen *Vernichtung* athmen die Menschen schon in diesem Zustande auf. – Die Gemeinde ist im Anfang die Organisation der Schwachen zum *Gleichgewicht* mit gefahrdrohenden Mächten. Eine Organisation zum Uebergewicht wäre räthlicher, wenn man dabei so stark würde, um die Gegenmacht auf einmal zu *vernichten*: und handelt es sich um einen einzelnen mächtigen Schadenthuer, so wird diess gewiss *versucht.* Ist aber der Eine ein Stammhaupt oder hat er grossen Anhang, so ist die schnelle, entscheidende Vernichtung unwahrscheinlich und die dauernde lange *Fehde* zu gewärtigen: diese aber bringt der Gemeinde den am wenigsten wünschbaren Zustand mit sich, weil sie durch ihn die Zeit verliert, für ihren Lebensunterhalt mit der nöthigen Regelmässigkeit zu sorgen, und den Ertrag aller Arbeit jeden Augenblick bedroht sieht. Desshalb zieht die Gemeinde vor, ihre Macht zu Vertheidigung und Angriff genau auf die Höhe zu bringen, auf der die Macht des gefährlichen Nachbars ist, und ihm zu verstehen geben, dass in ihrer Wagschale jetzt gleichviel Erz liege: warum wolle man nicht gut Freund mit einander sein? – *Gleichgewicht* ist also ein sehr wichtiger Begriff für die älteste Rechts- und Morallehre; Gleichgewicht ist die Basis der Gerechtigkeit. Wenn diese in roheren Zeiten sagt »Auge um Auge, Zahn um Zahn«, so setzt sie das erreichte Gleichgewicht voraus und will es vermöge dieser Vergeltung *erhalten*: sodass, wenn jetzt der Eine sich gegen den Andern vergeht, der Andere keine Rache der blinden Erbitterung mehr nimmt. Sondern vermöge des jus talionis wird das Gleichgewicht der gestörten Machtverhältnisse *wiederhergestellt*: denn ein Auge, ein Arm *mehr* ist in solchen Urzuständen ein Stück Macht, ein Gewicht mehr. – Innerhalb einer Gemeinde, in der Alle sich als gleichgewichtig betrachten, ist gegen Vergehungen, das heisst gegen Durchbrechungen des Princips des Gleichgewichtes, *Schande* und *Strafe* da: Schande, ein Gewicht, eingesetzt gegen den übergreifenden Einzelnen, der durch den Uebergriff sich Vortheile verschafft hat, durch die Schande nun wieder Nachtheile erfährt, die den früheren Vortheil aufheben und *überwiegen*. Ebenso steht es mit der Strafe: sie stellt gegen das Uebergewicht, das sich jeder Verbrecher zuspricht, ein viel grösseres Gegengewicht auf, gegen Gewaltthat den Kerkerzwang, gegen den Diebstahl den Wiederersatz und die Strafsumme. So wird der Frevler *erinnert*, dass er mit seiner Handlung *aus* der Gemeinde und deren Moral-*Vortheilen* ausschied: sie behandelt ihn wie einen Ungleichen, Schwachen, ausser ihr Stehenden; desshalb ist Strafe nicht nur Wiedervergeltung, sondern hat ein *Mehr*, ein Etwas von der *Härte des Naturzustandes;* an *diesen* will sie eben *erinnern*.

Erläuterungen zum Text

Verklügerung: die klügere Fassung von …
wohlfeil: preiswert, billig.
Fehde: Kampf, Privatkrieg zwischen Einzelnen oder Familien.
Wagschale: Wenn in beiden Schalen gleich viel liegt, ist Ausgleich oder Gleichgewicht erreicht.
jus talionis: das Prinzip, ein Unrecht mit Gleichem zu vergelten.
Frevler: jemand, der die Rechtsordnung bewußt verletzt.

Verständnisfragen zum Text

1. Die Idee, das Gleichgewicht zu halten, stammt aus
   a) dem Bereich des Rechts.
   b) dem Bereich des Kampfes.
   c) dem Bereich des Handels.

2. Unter »Gemeinde« versteht Nietzsche
   a) den Anfang der politischen Organisation.
   b) ein Prinzip religiöser Organisation.
   c) das Prinzip des gemeinsamen Wirtschaftens.

3. Wenn Gleichgewicht die Basis der Gerechtigkeit bildet, dann ist die Gerechtigkeit selber für Nietzsche
   a) eine genau bestimmbare Größe.
   b) eine Idee mit wechselnden Inhalten.
   c) eine überflüssige Idee.

4. Daß die gemeinsame Moral der Gemeinde Vorteile bringt,
   a) ist ein schöner Nebeneffekt der Moral.
   b) kann den moralischen Gedanken verdunkeln.
   c) ist der erste Grund dafür, daß Moral gegolten hat.

5. Mit dem Naturzustand ist »die Zeit« gemeint,
   a) wo alle friedlich zusammenlebten.
   b) wo jeder gegen jeden kämpfte.
   c) wo die Menschen noch keine Sprache hatten.

Testen Sie Ihr Verständnis Nietzsches

Setzen Sie jeweils ein passendes Wort ein:

(102) »Die Gerechtigkeit (Billigkeit) nimmt ihren Ursprung unter ungefähr *gleich Mächtigen* […]: der Charakter des …… ist der anfängliche Charakter der Gerechtigkeit.« (Menschliches, Allzumenschliches, Nr. 92)

(103) »Solche Handlungen, an denen das Grundmotiv, das der Nützlichkeit, *vergessen* worden ist, heißen dann ……: nicht etwa weil sie aus jenen *anderen* Motiven, sondern weil sie *nicht* aus bewusster Nützlichkeit gethan werden.« (Der Wanderer und sein Schatten, Nr. 40)

(104) »Als Mitglieder von Gesellschaften glauben wir gewisse Tugenden nicht ausüben zu dürfen, die uns als Privaten die grösste Ehre und einiges Vergnügen machen, zum Beispiel Gnade und Nachsicht gegen Verfehlende aller Art, – überhaupt jede Handlungsweise, bei welcher …… der Gesellschaft durch unsere Tugend leiden würde.« (Der Wanderer und sein Schatten, Nr. 34)

Lösungen der Verständnisfragen: 1b, 2a, 3b, 4c, 5b.
Testen sie Ihr Verständnis Nietzsches: (102) *Tausches*, (103) *moralische*, (104) der Vortheil.

RACHE

33.

Elemente der Rache. – Das Wort »Rache« ist so schnell gesprochen: fast scheint es, als ob es gar nicht mehr enthalten könne, als Eine Begriffs- und Empfindungswurzel. Und so bemüht man sich immer noch, dieselbe zu finden: wie unsere Nationalökonomen noch nicht müde geworden sind, im Worte »Werth« eine solche Einheit zu wittern und nach dem ursprünglichen Wurzel-Begriff des Werthes zu suchen. Als ob nicht alle Worte Taschen wären, in welche bald Diess, bald Jenes, bald Mehreres auf einmal gesteckt worden ist! So ist auch »Rache« bald Diess, bald Jenes, bald etwas sehr Zusammengesetztes. Man unterscheide einmal jenen abwehrenden Zurückschlag, den man fast unwillkürlich auch gegen leblose Gegenstände, die uns beschädigt haben (wie gegen bewegte Maschinen), ausführt: der Sinn unserer Gegenbewegung ist, dem Beschädigen Einhalt zu thun, dadurch dass wir die Maschine zum Stillstand bringen. Die Stärke des Gegenschlags muss mitunter, um diess zu erreichen, so stark sein, dass er die Maschine zertrümmert; wenn dieselbe aber zu stark ist, um vom Einzelnen sofort zerstört werden zu können, wird dieser doch immer noch den heftigsten Schlag ausführen, dessen er fähig ist, – gleichsam als einen letzten Versuch. So benimmt man sich auch gegen schädigende Personen bei der unmittelbaren Empfindung des Schadens selber; will man diesen Act einen Rache-Act nennen, so mag es sein; nur erwäge man, dass hier allein die *Selbst-Erhaltung* ihr Vernunft-Räderwerk in Bewegung gesetzt hat, und dass man im Grunde nicht an den Schädiger, sondern nur an sich dabei denkt: wir handeln so, *ohne* wieder schaden zu wollen, sondern nur, um noch mit Leib und Leben *davonzukommen.* – Man braucht *Zeit,* wenn man von sich mit seinen Gedanken zum Gegner übergeht und sich fragt, auf welche Weise er am empfindlichsten zu treffen ist. Diess geschieht bei der zweiten Art von Rache: ein Nachdenken über die Verwundbarkeit und Leidensfähigkeit des Andern ist ihre Voraussetzung; man will wehe thun. Dagegen sich selber gegen weiteren Schaden sichern, liegt hier so wenig im Gesichtskreis des Rachenehmenden, dass er fast regelmässig den weiteren eignen Schaden zu Wege bringt und ihm sehr oft kaltblütig vorher entgegensieht. War es bei der ersten Art von Rache die Angst vor dem zweiten Schlage, welche den Gegenschlag so stark wie möglich machte: so ist hier fast völlige Gleichgültigkeit gegen Das, was der Gegner thun *wird*; die Stärke des Gegenschlags wird nur durch Das, was er uns gethan *hat*, bestimmt. – Was hat er denn gethan? Und was nützt es uns, wenn er nun leidet, nachdem wir durch ihn gelitten haben? Es handelt sich um eine *Wiederherstellung*: während der Rache-Act erster Art nur der *Selbst-Erhaltung* dient. Vielleicht verloren wir durch den Gegner Besitz, Rang, Freunde, Kinder, – diese Verluste werden durch die Rache nicht zurückgekauft, die Wiederherstellung bezieht sich allein auf einen *Nebenverlust* bei allen den erwähnten Verlusten. Die Rache der Wiederherstellung bewahrt nicht vor weiterem Schaden, sie macht den erlittenen Schaden nicht wieder gut, – ausser in Einem Falle. Wenn unsere *Ehre* durch den Gegner gelitten hat, so vermag die Rache sie *wiederherzustellen*. Sie hat aber in jedem Falle einen Schaden erlitten, wenn man uns absichtlich ein Leid zufügte: denn der Gegner bewies damit, dass er uns nicht *fürchtete*. Durch die Rache beweisen wir, dass wir auch ihn nicht fürchten: darin liegt die Ausgleichung, die Wiederherstellung. (Die Absicht, den völligen Mangel an *Furcht* zu zeigen, geht bei einigen Personen so weit, dass ihnen die Gefährlichkeit der Rache für sie selbst (Einbusse der Gesundheit oder des Lebens, oder sonstige Verluste) als eine unerlässliche Bedingung jeder Rache gilt. Desshalb gehen sie den Weg des Duells, obschon die Gerichte ihnen den Arm bieten, um auch so Genugthuung für die Beleidigung zu erhalten: sie nehmen aber die gefahrlose Wiederherstellung ihrer Ehre nicht als genügend an, weil sie ihren Mangel an Furcht nicht beweisen kann.) – Bei der ersterwähnten Art der Rache ist es gerade die Furcht, die den Gegenschlag ausführt: hier dagegen ist es die Abwesenheit der Furcht, welche, wie gesagt, durch den Gegenschlag *sich beweisen will*. – Nichts scheint also verschiedener, als die innere Motivirung der beiden Handlungsweisen, die mit

Einem Wort »Rache« benannt werden: und trotzdem kommt es sehr häufig vor, dass der Rache-Uebende in Unklarheit ist, was ihn eigentlich zur That bestimmt hat; vielleicht, dass er aus Furcht und um sich zu erhalten den Gegenschlag führte, hinterher aber, als er Zeit hatte, über den Gesichtspunct der verletzten Ehre nachzudenken, selber sich einredet, seiner Ehre halber sich gerächt zu haben: – dieses Motiv ist ja jedenfalls *vornehmer*, als das andere. Dabei ist noch wesentlich, ob er seine Ehre in den Augen der Anderen (der Welt) beschädigt sieht oder nur in den Augen des Beleidigers: im letztern Falle wird er die geheime Rache vorziehen, im erstern aber die öffentliche. Je nachdem er sich stark oder schwach in die Seele des Thäters und der Zuschauer hineindenkt, wird seine Rache erbitterter oder zahmer sein; fehlt ihm diese Art Phantasie ganz, so wird er gar nicht an Rache denken; denn das Gefühl der »Ehre« ist dann bei ihm nicht vorhanden, also auch nicht zu verletzen. Ebenso wird er nicht an Rache denken, wenn er den Thäter und die Zuschauer der That *verachtet*: weil sie ihm keine Ehre nehmen können. Endlich wird er auf Rache in dem nicht ungewöhnlichen Falle verzichten, dass er den Thäter liebt: freilich büsst er so in dessen Augen an Ehre ein und wird vielleicht der Gegenliebe dadurch weniger würdig. Aber auch auf alle Gegenliebe Verzicht leisten, ist ein Opfer, welches die Liebe zu bringen bereit ist, wenn sie dem geliebten Wesen nur nicht *wehe thun muss*: diess hiesse sich selber mehr wehe thun, als jenes Opfer wehe thut. – Also: Jedermann wird sich rächen, er sei denn ehrlos oder voll Verachtung oder voll Liebe gegen den Schädiger und Beleidiger. Auch wenn er sich an die Gerichte wendet, so will er die Rache als private Person: *nebenbei* aber noch, als weiterdenkender vorsorglicher Mensch der Gesellschaft, die Rache der Gesellschaft an einem, der sie nicht *ehrt*. So wird durch die gerichtliche Strafe sowohl die Privatehre als auch die Gesellschaftsehre *wiederhergestellt*: das heisst – Strafe ist Rache. – Es giebt in ihr unzweifelhaft auch noch jenes andere, zuerst beschriebene Element der Rache, insofern durch sie die Gesellschaft ihrer *Selbst-Erhaltung* dient und der *Nothwehr* halber einen Gegenschlag führt. Die Strafe will das *wei-*

tere Schädigen verhüten, sie will *abschrecken.* Auf diese Weise sind wirklich in der Strafe beide so verschiedene Elemente der Rache verknüpft, und diess mag vielleicht am meisten dahin wirken, jene erwähnte Begriffsverwirrung zu unterhalten, vermöge deren der Einzelne, der sich rächt, gewöhnlich nicht weiss, was er eigentlich will.

Erläuterungen zum Text

Nationalökonom: Fachmann für Volkswirtschaft.
Duell: Im 19. Jahrhundert gab es noch des öfteren Duelle (Zweikämpfe mit der Waffe), wenn man seine Ehre verletzt sah.
Motivirung: Begründung.

Verständnisfragen zum Text

1. Wenn »aus Rache« der Gegenschlag erfolgt, stammt dieser
   a) aus sorgfältiger Überlegung.
   b) aus dem Bewußtsein der eigenen Kraft.
   c) aus der Furcht vor weiterem Schaden.

2. Wenn man dem Gegner »aus Rache« ausdrücklich wehtun will,
   a) will man die Ausgangssituation wieder herstellen.
   b) will man das Recht wieder herstellen.
   c) läßt man seinem Zorn freien Lauf.

3. Auf Rache verzichten kann jemand,
   a) dem egal ist, was die Leute denken und sagen.
   b) der moralisch besonders reif ist.
   c) der schon älter geworden ist.

4. Die normale Strafe
   a) dient nur der Besserung des Übeltäters.
   b) dient dazu, die Ordnung aufrecht zu erhalten.
   c) ist auch eine Rache am Täter.

Testen Sie Ihr Verständnis Nietzsches

Setzen Sie jeweils ein passendes Wort ein:

(105) »Jedes Wort ist ....« (Der Wanderer und sein Schatten, Nr. 55)
(106) »Gerechtigkeit ist also Vergeltung und Austausch unter der Voraussetzung einer ungefähr gleichen Machtstellung: so gehört ursprünglich ...... in den Bereich der Gerechtigkeit, sie ist ein Austausch. Ebenso die Dankbarkeit.« (Menschliches, Allzumenschliches, Nr. 92)
(107) »...... ist unser Angebinde von der Thierheit her. Der Mensch wird erst mündig, wenn er diess Wiegengeschenk den Thieren zurückgiebt.« (Der Wanderer und sein Schatten, Nr. 183)

Lösungen der Verständnisfragen: 1c, 2a, 3a, 4c.
Testen Sie Ihr Verständnis Nietzsches: (105) ein Vorurtheil, (106) die Rache, (107) Zürnen und strafen.

PFLICHT

43.

Problem der Pflicht zur Wahrheit. – Pflicht ist ein zwingendes, zur That drängendes Gefühl, das wir gut nennen und für undiscutirbar halten (– über Ursprung, Gränze und Berechtigung desselben wollen wir nicht reden und nicht geredet haben). Der Denker hält aber Alles für geworden und alles Gewordene für discutirbar, ist also der Mann ohne Pflicht, – solange er eben nur Denker ist. Als solcher würde er also auch die Pflicht, die Wahrheit zu sehen und zu sagen, nicht anerkennen und diess Gefühl nicht fühlen; er fragt: woher kommt sie? wohin will sie?, aber diess Fragen selber wird von ihm als fragwürdig angesehen. Hätte diess aber nicht zur Folge, dass die Maschine des Denkers nicht mehr recht arbeitet, wenn er sich beim Acte des Erkennens wirklich *unverpflichtet fühlen* könnte? Insofern scheint hier zur *Heizung* das selbe Element nöthig zu sein, das vermittelst der Maschine untersucht werden soll. – Die Formel würde vielleicht sein: *angenommen*, es gäbe eine Pflicht, die Wahrheit zu erkennen, wie lautet die Wahrheit dann in Bezug auf jede andere Art von Pflicht? – Aber ist ein hypothetisches Pflichtgefühl nicht ein Widersinn? –

44.

Stufen der Moral. – Moral ist zunächst ein Mittel, die Gemeinde überhaupt zu erhalten und den Untergang von ihr abzuwehren; sodann ist sie ein Mittel, die Gemeinde auf einer gewissen Höhe und in einer gewissen Güte zu erhalten. Ihre Motive sind *Furcht* und *Hoffnung*: und zwar um so derbere, mächtigere, gröbere, als der Hang zum Verkehrten, Einseitigen, Persönlichen noch sehr stark ist. Die entsetzlichsten Angstmittel müssen hier Dienste thun, so lange noch keine milderen wirken wollen und jene doppelte Art der Erhaltung sich nicht anders erreichen lässt (zu ihren allerstärksten gehört die Erfindung eines Jenseits mit einer ewigen Hölle). Da muss es Foltern der Seele geben und Henkersknechte dafür. Weitere Stufen der Moral, und also Mittel zum bezeichneten Zwecke sind die Befehle eines Gottes (wie das mosaische

Gesetz); noch weitere und höhere die Befehle eines absoluten Pflichtbegriffs mit dem »du sollst«, – Alles noch ziemlich grob zugehauene, aber *breite* Stufen, weil die Menschen auf die feineren, schmäleren, ihren Fuss noch nicht zu setzen wissen. Dann kommt eine Moral der *Neigung*, des *Geschmacks*, endlich die der *Einsicht*, – welche über alle illusionären Motive der Moral hinaus ist, aber sich klar gemacht hat, wie die Menschheit lange Zeiten hindurch keine anderen haben durfte.

Erläuterungen zum Text

hypothetisch: bedingungsweise angenommen.
mosaisch: auf Moses zurückgehend; in der Bibel wird erzählt, daß Gott selbst Moses die Zehn Gebote gegeben hat.
absolut: ohne jede Einschränkung geltend; Immanuel Kant (1724–1804) hat im Kategorischen Imperativ das Schema der absolut geltenden Pflicht entworfen.
illusionär: irrtümlich, auf Illusionen beruhend.

Verständnisfragen zum Text

1. Im Aphorismus 43 zeigt sich,
   a) daß es keine Pflichten gibt.
   b) daß selbstbezügliche Aussagen paradox sein können.
   c) daß Nietzsche vor dem Problem der Wahrheit versagt.

2. Ferner zeigt sich in Aphorismus 43,
   a) daß künstliche Probleme unlösbar sind.
   b) daß Probleme entstehen, wenn man leugnet, was evident (offensichtlich) ist.
   c) daß es keine Letztbegründung gibt, wenn man keinen letzten Bezugspunkt voraussetzt (»Archimedischer Punkt«).

3. Wenn man Aphorismus 44 als Beispiel des von Nietzsche propagierten »historischen Philosophierens« sieht, zeigt dieser
   a) die Relativierung aller Moral.
   b) die Lösung aller moralischen Probleme.
   c) das relative Recht der moralischen Positionen.

Testen Sie Ihr Verständnis Nietzsches

Setzen Sie jeweils ein passendes Wort ein:

(108) »Es ist das erste Zeichen, dass das Thier Mensch geworden ist, wenn sein Handeln nicht mehr auf das augenblickliche Wohlbefinden, sondern auf das dauernde sich bezieht, dass der Mensch also *nützlich, zweckmässig* wird: da bricht zuerst die freie Herrschaft ...... heraus.« (Menschliches, Allzumenschliches, Nr. 94)
(109) »Aus sich eine ganze *Person* machen und in Allem, was man thut, deren ...... in's Auge zu fassen – das bringt weiter, als jene mitleidigen Regungen und Handlungen zu Gunsten Anderer.« (Menschliches, Allzumenschliches, Nr. 95)
(110) »Man hört allerwärts jetzt das Ziel der Moral ungefähr so bestimmt: es sei die Erhaltung und Förderung der Menschheit; aber das heisst ...... haben wollen, und weiter Nichts. Erhaltung, *worin*? muss man sofort dagegen fragen, Förderung *wohin*?« (Morgenröte, Nr. 106)

Lösungen der Verständnisfragen: 1b, 2c, 3c.
Testen Sie Ihr Verständnis Nietzsches: (108) der Vernunft, (109) *höchstes Wohl*, (110) eine Formel.

ENTSTEHUNG VON MORAL

57.

Im Verkehr mit den Thieren. – Man kann das Entstehen der Moral in unserem Verhalten gegen die Thiere noch beobachten. Wo Nutzen und Schaden *nicht* in Betracht kommen, haben wir ein Gefühl der völligen Unverantwortlichkeit; wir tödten und verwunden zum Beispiel Insecten oder lassen sie leben und denken für gewöhnlich gar Nichts dabei. Wir sind so plump, dass schon unsere Artigkeiten gegen Blumen und kleine Thiere fast immer mörderisch sind: was unser Vergnügen an ihnen gar nicht beeinträchtigt. – Es ist heute das Fest der kleinen Thiere, der schwülste Tag des Jahres: es wimmelt und krabbelt um uns, und wir zerdrücken, ohne es zu wollen, *aber auch* ohne Acht zu geben, bald hier, bald dort ein Würmchen und gefiedertes Käferchen. – Bringen die Thiere uns Schaden, so erstreben wir auf jede Weise ihre *Vernichtung*, die Mittel sind oft grausam genug ohne dass wir diess eigentlich wollen: es ist die Grausamkeit der Gedankenlosigkeit. Nützen sie, so *beuten* wir sie *aus*: bis eine feinere Klugheit uns lehrt, dass gewisse Thiere für eine andere Behandlung, nämlich für die der Pflege und Zucht reichlich lohnen. Da erst entsteht Verantwortlichkeit. Gegen das Hausthier wird die Quälerei gemieden; der eine Mensch empört sich, wenn ein anderer unbarmherzig gegen seine Kuh ist, ganz in Gemässheit der primitiven Gemeinde-Moral, welche den *gemeinsamen* Nutzen in Gefahr sieht, so oft ein Einzelner sich vergeht. Wer in der Gemeinde ein Vergehen wahrnimmt, fürchtet den indirecten Schaden für sich: und wir fürchten für die Güte des Fleisches, des Landbaues und der Verkehrsmittel, wenn wir die Hausthiere nicht gut behandelt sehen. Zudem erweckt der, welcher roh gegen Thiere ist, den Argwohn, auch roh gegen schwache, ungleiche, der Rache unfähige Menschen zu sein; er gilt als unedel, des feineren Stolzes ermangelnd. So entsteht ein Ansatz von moralischem Urtheilen und Empfinden: das Beste thut nun der Aberglaube hinzu. Manche Thiere reizen durch Blicke, Töne und Gebärden den Menschen an, sich in sie *hineinzudichten*, und manche Religionen lehren im

Thiere unter Umständen den Wohnsitz von Menschen- und Götterseelen sehen: wesshalb sie überhaupt edlere Vorsicht, ja ehrfürchtige Scheu im Umgange mit den Thieren anempfehlen. Auch nach dem Verschwinden dieses Aberglaubens wirken die von ihm erweckten Empfindungen fort und reifen und blühen aus. – Das Christenthum hat sich bekanntlich in diesem Punkte als arme und zurückbildende Religion bewährt.

Verständnisfragen zum Text

1. Wenn Nietzsche hier das Entstehen von Moral beschreibt, so
   a) konstruiert er eine Entwicklung.
   b) beschreibt er eine Abfolge von Beobachtungen.
   c) stellt er nach Belieben Einzelheiten zusammen.

2. Die Verantwortlichkeit, von der er spricht, ergibt sich
   a) aus dem Nutzen der Gemeinde.
   b) aus dem Nutzen des Einzelnen.
   c) aus Respekt vor dem Lebewesen Tier.

3. Wenn Nietzsche die Entstehung von Moral erklärt, so hat er
   a) ein intellektuelles Problem lösen wollen.
   b) die Moral als überflüssig entlarven wollen.
   c) uns für eine verständige Moral befreien wollen.

Testen Sie Ihr Verständnis Nietzsches

Setzen Sie jeweils ein passendes Wort ein:

(111) »Diess Alles einzusehen, kann tiefe Schmerzen machen, aber darnach giebt es einen Trost: [...] In solchen Menschen, welche jener Traurigkeit *fähig* sind – wie wenige werden es sein! – wird der erste Versuch gemacht, ob die Menschheit aus

einer *moralischen* sich in eine ...... *Menschheit umwandeln könne.*« (Menschliches, Allzumenschliches, Nr. 107)

(112) »Der Glaube an Autoritäten ist die Quelle des Gewissens: es ist also nicht die Stimme Gottes in der Brust des Menschen, sondern die Stimme ...... im Menschen.« (Der Wanderer und sein Schatten, Nr. 52)

(113) »Die Anfänge der Gerechtigkeit, wie die der Klugheit, Mässigung, Tapferkeit, – kurz Alles, was wir mit dem Namen der *sokratischen Tugenden* bezeichnen, ist ...... : eine Folge jener Triebe, welche lehren, nach Nahrung zu suchen und den Feinden zu entgehen.« (Morgenröte, Nr. 26)

Lösungen der Verständnisfragen: 1a, 2a, 3c.

Testen Sie Ihr Verständnis Nietzsches: (111) *weise*, (112) einiger Menschen, (113) *thierhaft*.

SCHAM

69.

Habituelle Scham. – Warum empfinden wir Scham, wenn uns etwas Gutes und Auszeichnendes erwiesen wird, das wir, wie man sagt, »nicht verdient haben«? Es scheint uns dabei, dass wir uns in ein Gebiet eingedrängt haben, wo wir nicht hingehören, wo wir ausgeschlossen sein sollten, gleichsam in ein Heiliges oder Allerheiligstes, welches für unsern Fuss unbetretbar ist. Durch den Irrthum Anderer sind wir doch hineingelangt: und nun überwältigt uns theils Furcht, theils Ehrfurcht, theils Ueberraschung, wir wissen nicht, ob wir fliehen, ob wir des gesegneten Augenblickes und seiner Gnaden-Vortheile geniessen sollen. Bei aller Scham ist ein Mysterium, welches durch uns entweiht oder in der Gefahr der Entweihung zu sein scheint; alle *Gnade* erzeugt Scham. – Erwägt man aber, dass wir überhaupt niemals Etwas »verdient haben«, so wird, im Fall man dieser Ansicht innerhalb einer christlichen Gesammt-Betrachtung der Dinge sich hingiebt, das Gefühl der *Scham habituell:* weil einem Solchen Gott *fortwährend* zu segnen und Gnade zu üben scheint. Abgesehen von dieser christlichen Auslegung, wäre aber auch für den völlig gottlosen Weisen, der an der gründlichen Unverantwortlichkeit und Unverdienstlichkeit alles Wirkens und Wesens festhält, jener Zustand der *habituellen Scham* möglich: wenn man ihn behandelt, *als ob* er diess und jenes verdient habe, so scheint er sich in eine höhere Ordnung von Wesen eingedrängt zu haben, welche überhaupt Etwas *verdienen*, welche frei sind und ihres eigenen Wollens und Könnens Verantwortung wirklich zu tragen vermögen. Wer zu ihm sagt »du hast es verdient«, scheint ihm zuzurufen »du bist kein Mensch, sondern ein Gott«.

Erläuterungen zum Text

Nietzsche verbindet in diesem Aphorismus die Erfahrung der Scham mit dem Thema der Verantwortlichkeit, das er bereits in »Menschliches, Allzumenschliches« bedacht hat (zum Beispiel Nr. 39, 107 u.ö.).

Mysterium: Geheimnis.
habituell: durch Gewohnheit verfestigt.

Verständnisfragen zum Text

1. Wenn Nietzsche sagt, bei aller Scham sei ein Mysterium,
   a) so spricht er damit eine Erfahrung aus.
   b) so stellt er die Scham als Antwort des Menschen auf das Mysterium des Göttlichen dar.
   c) bindet er umgekehrt ein »Mysterium« an die Scham.

2. Gnade erzeugt Scham, weil
   a) man so über Gebühr vor allen herausgehoben wird.
   b) Gnade ein Mysterium ist.
   c) man sich insgeheim über die Gnade freut.

3. Die »höhere Ordnung von Wesen«, welche etwas verdienen,
   a) gibt es nach Nietzsches Überzeugung nicht.
   b) ist die Gemeinde der Genies und Denker.
   c) ist eine Art Gemeinschaft der Heiligen.

Testen Sie Ihr Verständnis Nietzsches

Setzen Sie jeweils ein passendes Wort ein:

(114) »Gelingt es dem Menschen zuletzt noch, die philosophische Ueberzeugung von der unbedingten ...... aller Handlungen und ihrer völligen Unverantwortlichkeit zu gewinnen und in Fleisch und Blut aufzunehmen, so verschwindet auch jener Rest von Gewissensbissen.« (Menschliches, Allzumenschliches, Nr. 133)
(115) »Die Scham existirt überall, wo es ein ›Mysterium‹

giebt; diess ist aber ein ...... Begriff, welcher in der älteren Zeit der menschlichen Cultur einen grossen Umfang hatte.« (Menschliches, Allzumenschliches, Nr. 100)

(116) *»Was ist das Siegel der erreichten* ......? – Sich nicht mehr vor sich selber schämen.« (Die Fröhliche Wissenschaft, Nr. 275)

Lösungen der Verständnisfragen: 1c, 2a, 3a.

Testen Sie Ihr Verständnis Nietzsches: (114) Nothwendigkeit, (115) religiöser, (116) *Freiheit.*

PHILOSOPHEN

171.

Die Angestellten der Wissenschaft und die Anderen. – Die eigentlich tüchtigen und erfolgreichen Gelehrten könnte man insgesammt als »Angestellte« bezeichnen. Wenn, in jungen Jahren, ihr Scharfsinn hinreichend geübt, ihr Gedächtniss gefüllt ist, wenn Hand und Auge Sicherheit gewonnen haben, so werden sie von einem älteren Gelehrten auf eine Stelle der Wissenschaft angewiesen, wo ihre Eigenschaften Nutzen bringen können; späterhin, nachdem sie selber den Blick für die lückenhaften und schadhaften Stellen ihrer Wissenschaft erlangt haben, stellen sie sich von selber dorthin, wo sie noth thun. Diese Naturen allesammt sind um der Wissenschaft willen da: aber es giebt seltnere, selten gelingende und völlig ausreifende Naturen, »um derentwillen die Wissenschaft da ist« – wenigstens scheint es ihnen selber so –: oft unangenehme, oft eingebildete, oft querköpfige, fast immer aber bis zu einem Grade zauberhafte Menschen. Sie sind nicht Angestellte, und auch nicht Ansteller, sie bedienen sich dessen, was von Jenen erarbeitet und sichergestellt worden ist, in einer gewissen fürstenhaften Gelassenheit und mit geringem und seltenem Lobe: gleichsam als ob Jene einer niedrigern Gattung von Wesen angehörten. Und doch haben sie eben nur die gleichen Eigenschaften, wodurch diese Anderen sich auszeichnen, und diese mitunter sogar ungenügender entwickelt: obendrein ist ihnen eine *Beschränktheit* eigenthümlich, die Jenen fehlt, und derentwegen es unmöglich ist, sie an einen Posten zu stellen und in ihnen nützliche Werkzeuge zu sehen, – sie können nur *in ihrer eigenen Luft*, auf ihrem eigenen Boden leben. Diese Beschränktheit giebt ihnen ein, was Alles von einer Wissenschaft »zu ihnen gehöre«, das heisst, was sie in ihre Luft und Wohnung heimtragen können; sie wähnen immer ihr zerstreutes »Eigenthum« zu sammeln. Verhindert man sie, an ihrem eigenen Neste zu bauen, so gehen sie wie obdachlose Vögel zu Grunde; Unfreiheit ist für sie Schwindsucht. Pflegen sie einzelne Gegenden der Wissenschaft in der Art jener Anderen, so sind es doch immer nur solche, wo gerade die ihnen nöthigen Früchte und Samen gedeihen; was geht es sie an, ob die Wissenschaft, im Ganzen gesehen, unangebaute oder schlecht gepflegte Gegenden hat? Es fehlt ihnen jede *unpersönliche* Theilnahme an einem Problem der Erkenntniss: wie sie selber durch und durch Person sind, so wachsen auch alle ihre Einsichten und Kenntnisse wieder zu einer Person zusammen, zu einem lebendigen Vielfachen, dessen einzelne Theile von einander abhängen, in einander greifen, gemeinsam ernährt werden, das als Ganzes eine eigne Luft und einen eignen Geruch hat. – Solche Naturen bringen, mit diesen ihren *personenhaften* Erkenntniss-Gebilden, jene *Täuschung* hervor, dass eine Wissenschaft (oder gar die ganze Philosophie) fertig sei und am Ziele stehe; das *Leben* in ihrem Gebilde übt diesen Zauber aus: als welcher zu Zeiten sehr verhängnissvoll für die Wissenschaft und irreführend für jene vorhin beschriebenen, eigentlich tüchtigen Arbeiter des Geistes gewesen ist, zu andern Zeiten wiederum, als die Dürre und die Ermattung herrschten, wie ein Labsal und gleich dem Anhauche einer kühlen erquicklichen Raststätte gewirkt hat. – Gewöhnlich nennt man solche Menschen *Philosophen.*

Verständnisfragen zum Text

1. Unter der »Beschränktheit« der Philosophen versteht Nietzsche,
   a) daß sie sich in praktischen Fragen nicht auskennen.
   b) daß sie theoretisch weniger begabt sind.
   c) daß sie weniger »brauchbar« sind als die Gelehrten.

2. Wenn sie »Eigentum« sammeln,
   a) dann greifen sie wahllos auf fremde Erkenntnisse zurück.
   b) dann beziehen sie die Erkenntnisse auf sich selber.
   c) dann bestreiten sie den Entdeckern ihre Gedanken.

3. Mit dem Bild der personenhaften Erkenntnis-Gebilde wird gesagt,
   a) daß ihre Erkenntnis ein lebendiges Ganzes ist.
   b) daß ihre Erkenntnis sich eigenständig entwickelt.
   c) daß ihre Erkenntnis zerbrechlich ist.

Testen Sie Ihr Verständnis Nietzsches

Setzen Sie jeweils ein passendes Wort ein:

(117) »Uebrigens gehört es nicht zum Wesen des Freigeistes, dass er ...... Ansichten hat, sondern vielmehr, dass er sich von dem Herkömmlichen gelöst hat, sei es mit Glück oder mit einem Misserfolg.« (Menschliches, Allzumenschliches, Nr. 225)
(118) »Wirf das Missvergnügen über dein Wesen ab, verzeihe dir dein eignes ...... , denn in jedem Falle hast du an dir eine Leiter mit hundert Sprossen, auf welchen du zur Erkenntniss steigen kannst.« (Menschliches, Allzumenschliches, Nr. 292)
(119) »Wer des Spieles überdrüssig geworden ist und durch neue Bedürfnisse keinen Grund zur Arbeit hat, den überfällt mitunter das Verlangen nach einem dritten Zustand, welcher sich zum Spiel verhält wie Schweben zum Tanzen, wie Tanzen zum Gehen, nach einer seligen ruhigen Bewegtheit: es ist die Vision der Künstler und Philosophen von ....« (Menschliches, Allzumenschliches, Nr. 611)

Lösungen der Verständnisfragen: 1c, 2b, 3a.
Testen Sie Ihr Verständnis Nietzsches: (117) richtigere, (118) Ich, (119) dem Glück.

EITELKEIT

181.

Die Eitelkeit als die grosse Nützlichkeit. – Ursprünglich behandelt der starke Einzelne nicht nur die Natur, sondern auch die Gesellschaft und die schwächeren Einzelnen als Gegenstand des Raub-Baues: er nützt sie aus, so viel er kann, und geht dann weiter. Weil er sehr unsicher lebt, wechselnd zwischen Hunger und Ueberfluss, so tödtet er mehr Thiere, als er verzehren kann, und plündert und misshandelt die Menschen mehr, als nöthig wäre. Seine Machtäusserung ist eine Racheäusserung zugleich gegen seinen pein- und angstvollen Zustand: sodann will er für mächtiger gelten, als er ist, und missbraucht desshalb die Gelegenheiten: der Furchtzuwachs, den er erzeugt, ist sein Machtzuwachs. Er merkt zeitig, dass nicht Das, was er *ist*, sondern Das, was er *gilt*, ihn trägt oder niederwirft: hier ist der Ursprung der *Eitelkeit*. Der Mächtige sucht mit allen Mitteln Vermehrung des *Glaubens* an seine Macht. – Die Unterworfenen, die vor ihm zittern und ihm dienen, wissen wiederum, dass sie genau so viel werth sind als sie ihm *gelten*: wesshalb sie auf diese Geltung hinarbeiten und nicht auf ihre eigene Befriedigung an sich. Wir kennen die Eitelkeit nur in den abgeschwächtesten Formen, in ihren Sublimirungen und kleinen Dosen, weil wir in einem späten und sehr gemilderten Zustande der Gesellschaft leben: ursprünglich ist sie die *grosse Nützlichkeit*, das stärkste Mittel der Erhaltung. Und zwar wird die Eitelkeit um so grösser sein, je klüger der Einzelne ist: weil die Vermehrung des Glaubens an Macht leichter ist, als die Vermehrung der Macht selber, aber nur für *Den*, der Geist hat, – oder, wie es für Urzustände heissen muss, der *listig* und *hinterhaltig* ist.

Erläuterungen zum Text

Nietzsche hatte in ›Menschliches, Allzumenschliches‹ in Aphorismus Nr. 89 vermerkt, »dass die eitelen Menschen nicht sowohl Anderen gefallen wollen, als sich selbst, und dass sie so weit gehen, ihren Vortheil dabei zu vernachlässigen«; man sieht deutlich, wie Nietzsches Denken seitdem fortgeschritten ist.

Sublimirung: Verfeinerung, Vergeistigung.
Dosis: abgemessene kleine Menge.

Verständnisfragen zum Text

1. Die Machtäußerung kann man als Racheäußerung verstehen,
   a) wenn der Starke aus Zorn handelt.
   b) wenn der Starke damit eine Gefahr abwehren will.
   c) wenn der Starke aus Unverständnis handelt.

2. Der Ursprung der Eitelkeit liegt darin,
   a) daß niemand von kleinen Schwächen frei ist.
   b) daß der Starke auf sich stolz geworden ist.
   c) daß ihm mit dem Glauben an seine Macht gedient ist.

3. Wenn die Schwachen auf die Befriedigung ihrer Bedürfnisse verzichten, so ist das
   a) eine besondere Form von Dummheit.
   b) ihre spezifische Form von Eitelkeit.
   c) eine Äußerung der Selbstlosigkeit.

4. Insgesamt liegt der Eitelkeit das Phänomen zugrunde,
   a) daß der schöne Schein seinen eigenen Reiz hat.
   b) daß die Vermehrung des Anscheins leichter als die Steigerung der tatsächlichen Macht ist.
   c) daß die Menschen im Grunde betrogen werden wollen.

Testen Sie Ihr Verständnis Nietzsches

Setzen Sie jeweils ein passendes Wort ein:

(120) Über das Wort ›Eitelkeit‹: »Es ist lästig, dass einzelne Worte, deren wir Moralisten schlechterdings nicht entrathen

können, schon eine Art Sittencensur in sich tragen, aus jenen Zeiten her, in denen die nächsten und …… Regungen des Menschen verketzert wurden.« (Der Wanderer und sein Schatten, Nr. 60)

(121) »Wenn man gerade so viel …… will, als man *ist*, muss man Etwas sein, das *seine Taxe* hat. Aber nur …… hat seine Taxe. Somit ist jenes Verlangen entweder die Folge einsichtiger Bescheidenheit – oder dummer Unbescheidenheit.« (Der Wanderer und sein Schatten, Nr. 334)

Lösungen der Verständnisfragen: 1b, 2c, 3b, 4b.

Testen Sie Ihr Verständnis Nietzsches: (120) natürlichsten, (121) *gelten*, das Gewöhnliche.

MENSCHLICHKEIT

183.

Zürnen und strafen hat seine Zeit. – Zürnen und strafen ist unser Angebinde von der Thierheit her. Der Mensch wird erst mündig, wenn er diess Wiegengeschenk den Thieren zurückgiebt. – Hier liegt einer der grössten Gedanken vergraben, welche Menschen haben können, der Gedanke an einen Fortschritt aller Fortschritte. – Gehen wir einige Jahrtausende mit einander vorwärts, meine Freunde! Es ist *sehr viel* Freude noch den Menschen vorbehalten, wovon den gegenwärtigen noch kein Geruch zugeweht ist! Und zwar dürfen wir uns diese Freude versprechen, ja als etwas Nothwendiges verheissen und beschwören, im Fall nur die Entwickelung der menschlichen Vernunft *nicht stille steht!* Einstmals wird man die *logische* Sünde, welche im Zürnen und Strafen, einzeln oder gesellschaftsweise geübt, verborgen liegt, *nicht mehr über's Herz* bringen: einstmals, wenn Herz und Kopf so nahe bei einander zu wohnen gelernt haben, wie sie jetzt noch einander ferne stehen. Dass sie *nicht mehr so ferne* stehen, wie ursprünglich, ist beim Blick auf den ganzen Gang der Menschheit ziemlich ersichtlich; und der Einzelne, der ein Leben innerer Arbeit zu überschauen hat, wird mit stolzer Freude sich der überwundenen Entfernung, der erreichten Annäherung bewusst werden, um daraufhin noch grössere Hoffnungen wagen zu dürfen.

Erläuterungen zum Text

Angebinde: kleineres Geschenk als Ausdruck der Zuneigung.

Verständnisfragen zum Text

1. Nietzsche betrachtet Zürnen und Strafen als »logische Sünde«,
   a) weil die Strafen größer sind als die Vergehen.
   b) weil die Strafen für richtige Verbrechen zu klein sind.
   c) weil niemand der Herr seiner Taten ist.

2. Wenn Herz und Kopf einmal nah beieinander wohnen,
   a) dann kann man niemandem mehr zürnen.
   b) dann kann man richtig denken, was man fühlt.
   c) dann braucht man überhaupt nicht mehr angestrengt zu denken.

3. Er begründet seine Hoffnung unter anderem
   a) mit der großen Vision einer besseren Welt.
   b) mit der Logik einer Entwicklung, die er als normal ansieht.
   c) mit der Kraft der Aufklärung.

Testen Sie Ihr Verständnis Nietzsches

Setzen Sie jeweils ein passendes Wort ein:

(122) »Weder Strafe noch Lohn sind Etwas, das einem als das *Seine* zukommt; sie werden ihm aus Nützlichkeitsgründen gegeben, ohne dass er mit ...... Anspruch auf sie zu erheben hätte.« (Menschliches, Allzumenschliches, Nr. 105)
(123) »Die Guthmütigkeit, die Freundlichkeit, die Höflichkeit des Herzens sind immerquellende Ausflüsse ...... und haben viel mächtiger an der Cultur gebaut, als jene viel berühmteren Aeusserungen desselben, die man Mitleiden, Barmherzigkeit und Aufopferung nennt.« (Menschliches, Allzumenschliches, Nr. 49)
(124) Die Menschen, welche jetzt ...... sind, müssen uns als Stufen *früherer Culturen* gelten, welche übrig geblieben sind: das Gebirge der Menschheit zeigt hier einmal die tieferen Formationen, welche sonst versteckt liegen, offen.« (Menschliches, Allzumenschliches, Nr. 43)

Lösungen der Verständnisfragen: 1c, 2a, 3b.
Testen Sie Ihr Verständnis Nietzsches: (122) Gerechtigkeit, (123) des unegoistischen Triebes, (124) grausam.

LEBENSLAUF EINER TUGEND

190.

Das Lob des Uneigennützigen und sein Ursprung. – Zwischen zwei nachbarlichen Häuptlingen war seit Jahren Hader: man verwüstete einander die Staaten, führte Heerden weg, brannte Häuser nieder, mit einem unentschiedenen Erfolge im Ganzen, weil ihre Macht ziemlich gleich war. Ein Dritter, der durch die abgeschlossene Lage seines Besitzthums von diesen Fehden sich fern halten konnte, aber doch Grund hatte, den Tag zu fürchten, an dem einer dieser händelsüchtigen Nachbarn entscheidend zum Uebergewicht kommen würde, trat endlich zwischen die Streitenden, mit Wohlwollen und Feierlichkeit: und im Geheimen legte er auf seinen Friedensvorschlag ein schweres Gewicht, indem er jedem Einzelnen zu verstehen gab, fürderhin gegen Den, welcher sich wider den Frieden sträube, mit dem Andern gemeinsame Sache zu machen. Man kam vor ihm zusammen, man legte zögernd in seine Hand die Hände, welche bisher die Werkzeuge und allzu oft die Ursache des Hasses gewesen waren, – und wirklich, man versuchte es ernstlich mit dem Frieden. Jeder sah mit Erstaunen, wie plötzlich sein Wohlstand, sein Behagen wuchs, wie man jetzt am Nachbar einen kaufs- und verkaufsbereiten Händler, anstatt eines tückischen oder offen höhnenden Uebelthäters hatte, wie selbst, in unvorhergesehenen Nothfällen, man sich gegenseitig aus der Noth ziehen konnte, anstatt, wie es bisher geschehen, diese Noth des Nachbars auszunutzen und auf's Höchste zu steigern; ja es schien, als ob der Menschenschlag in beiden Gegenden sich seitdem verschönert hätte: denn die Augen hatten sich erhellt, die Stirnen sich entrunzelt, Allen war das Vertrauen zur Zukunft zu eigen geworden, – und Nichts ist den Seelen und Leibern der Menschen förderlicher, als diess Vertrauen. Man sah einander alle Jahre am Tage des Bündnisses wieder, die Häuptlinge sowohl wie deren Anhang, und zwar vor dem Angesicht des Mittlers: dessen Handlungsweise man, je grösser der Nutzen war, den man ihr verdankte, immer mehr anstaunte und verehrte. Man nannte sie *uneigennützig*, – man hatte den Blick viel zu fest auf den eigenen, zeither eingeernteten Nutzen gerichtet, um von der Handlungsweise des Nachbars mehr zu sehen, als dass sein Zustand in Folge derselben sich nicht so verändert habe, wie der eigene: er war vielmehr der selbe geblieben, und so schien es, dass Jener den Nutzen nicht im Auge gehabt habe. Zum ersten Male sagte man sich, dass die Uneigennützigkeit eine Tugend sei: gewiss mochten im Kleinen und Privaten sich oftmals bei ihnen ähnliche Dinge ereignet haben, aber man hatte das Augenmerk für diese Tugend erst, als sie zum ersten Male in ganz grosser Schrift, lesbar für die ganze Gemeinde, an die Wand gemalt wurde. Erkannt als Tugenden, zu Namen gekommen, in Schätzung gebracht, zur Aneignung anempfohlen, sind die moralischen Eigenschaften erst von dem Augenblicke an, da sie *sichtbar* über Glück und Verhängniss ganzer Gesellschaften entschieden haben: dann ist nämlich die Höhe der Empfindung und die Erregung der inneren schöpferischen Kräfte bei *Vielen* so gross, dass man dieser Eigenschaft Geschenke bringt, vom Besten, was Jeder hat. Der Ernste legt ihr seinen Ernst zu Füssen, der Würdige seine Würde, die Frauen ihre Milde, die Jünglinge alles Hoffnungs- und Zukunftsreiche ihres Wesens: der Dichter leiht ihr Worte und Namen, reiht sie in den Reigentanz ähnlicher Wesen ein, giebt ihr einen Stammbaum, und betet zuletzt, wie es Künstler thun, das Gebilde seiner Phantasie als neue Gottheit an, – er *lehrt* sie anbeten. So wird eine Tugend, weil die Liebe und die Dankbarkeit Aller an ihr arbeitet, wie an einer Bildsäule, zuletzt eine *Ansammlung* des Guten und Verehrungswürdigen, eine Art Tempel und göttliche Person zugleich. Sie steht fürderhin als einzige Tugend da, als ein Wesen für sich, was sie bis dahin nicht war, und übt die Rechte und die Macht einer geheiligten Uebermenschlichkeit aus. – Im späteren Griechenland standen die Städte voll von solchen vergottmenschlichten Abstractis (man verzeihe das absonderliche Wort um des absonderlichen Begriffs willen); das Volk hatte sich auf seine Art einen platonischen »Ideenhimmel« inmitten seiner Erde hergerichtet, und ich glaube nicht, dass dessen Inwohner weniger lebendig empfunden wurden, als irgend eine althomerische Gottheit.

Erläuterungen zum Text

Fehde: privater Krieg zwischen Einzelnen oder Familien.
händelsüchtig: streitsüchtig.
Hand in die Hände legen: alte Geste der Unterwerfung.
abstracta: »Dinge« und Begriffe, die es nur im Denken gibt; »von Abstractis« (= von abstrakten Begriffen) ist Dativ.
platonischer Ideenhimmel: Platon (427–347 v. Chr.) hat die Frage, woher wir unser apriorisches Wissen haben, also woher wir Gleichheit, Gerechtigkeit usw. kennen, so beantwortet, daß unsere Seele deren Ideen vor ihrer irdischen Existenz bereits geschaut habe.
althomerische Gottheiten: Der Dichter Homer hat in seinen großen Epen ›Ilias‹ und ›Odyssee‹ vom Wirken der olympischen Götter (Zeus, Athene, Apollon usw.) erzählt.

Verständnisfragen zum Text

1. In der Parabel ist der Dritte, der sich einmischt,
   a) eine eher überflüssige Figur der Erzählung.
   b) der Repräsentant der »Tugend«.
   c) ein Symbol des Philosophen Nietzsche.

2. Das Handeln des Dritten ist
   a) völlig uneigennützig.
   b) völlig eigennützig.
   c) sowohl eigen- wie uneigennützig.

3. Die Tugend wird zur Tugend,
   a) wo die Menschen endlich zur Einsicht kommen.
   b) wo ihr Nutzen öffentlich sichtbar wird.
   c) wenn die Menschen sich innerlich wandeln.

4. Die Tugend wird als Einzeltugend selbständig,
   a) wenn sie mit der Verehrung einen Namen bekommt.
   b) wenn das Denken begrifflich klarer wird.
   c) wenn man ihren wahren Ursprung vergißt.

5. Nietzsche berichtet zum Schluß von den griechischen Bildsäulen,
   a) um die Verbindung zu Griechenland herzustellen.
   b) um auch die Kunstfreunde für sich zu gewinnen.
   c) um einen historischen Beweis vorzeigen zu können.

Testen Sie Ihr Verständnis Nietzsches

Setzen Sie jeweils ein passendes Wort ein:

(125) »Nie hat ein Mensch Etwas gethan, das allein für andere und ohne jeden persönlichen Beweggrund gethan wäre; ja wie sollte er Etwas thun *können*, das ohne Bezug zu ihm wäre, also ohne innere …… (welche ihren Grund doch in einem persönlichen Bedürfniss haben müsste)?« (Menschliches, Allzumenschliches, Nr. 133)

(126) »Nicht nur die Zuschauer einer That bemessen häufig das Moralische oder Unmoralische an derselben nach …… : nein, der Thäter selbst thut diess.« (Menschliches, Allzumenschliches, Nr. 68)

(127) »Das Wort und der Begriff sind der sichtbarste Grund, wesshalb wir an diese Isolation von Handlungen-Gruppen glauben: mit ihnen *bezeichnen* wir nicht nur die Dinge, wir meinen ursprünglich durch sie …… derselben zu erfassen.« (Der Wanderer und sein Schatten, Nr. 11)

Lösungen der Verständnisfragen: 1b, 2c, 3b, 4a, 5c.
Testen Sie Ihr Verständnis Nietzsches: (125) Nöthigung, (126) dem Erfolge, (127) das *Wesen*.

WELTBILD

266.

Die Ungeduldigen. – Gerade der Werdende will das Werdende nicht: er ist zu ungeduldig dafür. Der Jüngling will nicht warten, bis, nach langen Studien, Leiden und Entbehrungen, sein Gemälde von Menschen und Dingen voll werde: so nimmt er ein anderes, das fertig dasteht und ihm angeboten wird, auf Treu und Glauben an, als müsse es ihm die Linien und Farben *seines* Gemäldes vorweg geben, er wirft sich einem Philosophen, einem Dichter an's Herz und muss nun eine lange Zeit Frohndienste thun und sich selber verläugnen. Vieles lernt er dabei: aber häufig vergisst ein Jüngling das Lernens- und Erkennenswertheste darüber: sich selber; er bleibt Zeitlebens ein Parteigänger. Ach, es ist viel Langeweile zu überwinden, viel Schweiss nöthig, bis man seine Farben, seinen Pinsel, seine Leinwand gefunden hat! – Und dann ist man noch lange nicht Meister seiner Lebenskunst, – aber wenigstens Herr in der eigenen Werkstatt.

Erläuterungen zum Text

Frohndienst: unerträglicher Zwang; ursprünglich: körperliche Arbeit als Dienstleistung des Bauern für den Lehnsherrn.

Verständnisfragen zum Text

1. Das höchste Ziel, das zu erstreben ist, besteht darin,
   a) Philosophie zu lernen.
   b) Herr seiner Lebenskunst zu werden.
   c) lange jung und dynamisch zu bleiben.

2. Der wirklichen Einsicht steht am meisten entgegen
   a) ein fertiges Weltbild.
   b) ein dummer Lehrer.
   c) Denkfehler und Trugschlüsse.

3. Wer sich an einen Dichter oder Philosophen anschließt,
   a) wird Parteigänger, auch wenn er etwas lernt.
   b) kann dabei eigentlich überhaupt nichts lernen.
   c) kann unter günstigen Umständen alles Wesentliche lernen.

Testen Sie Ihr Verständnis Nietzsches

Setzen Sie jeweils ein passendes Wort ein:

(128) »...... Leute lieben das Interessante und Absonderliche, gleichgültig wie wahr oder falsch es ist.« (Menschliches, Allzumenschliches, Nr. 609)
(129) »Der Mensch mag sich noch so weit mit seiner Erkenntniss ausrecken, sich selber noch so objectiv vorkommen: zuletzt trägt er doch Nichts davon, als ....« (Menschliches, Allzumenschliches, Nr. 513)
(130) »Die Aufgabe, *das* Bild *des* Lebens zu malen, so oft sie auch von Dichtern und Philosophen gestellt wurde, ist trotzdem ...... : auch unter den Händen der grössten Maler-Denker sind immer nur Bilder und Bildchen *aus einem* Leben, nämlich aus ihrem Leben, entstanden – und nichts Anderes ist auch nur möglich.« (Vermischte Meinungen und Sprüche, Nr. 19)

Lösungen der Verständnisfragen: 1b, 2a, 3a.
Testen Sie Ihr Verständnis Nietzsches: (128) Junge, (129) seine eigene Biographie, (130) unsinnig.

DEMOKRATISIERUNG EUROPAS

275.

Die Zeit der Cyklopenbauten. – Die Demokratisirung Europa's ist unaufhaltsam: wer sich dagegen stemmt, gebraucht doch eben die Mittel dazu, welche erst der demokratische Gedanke Jedermann in die Hand gab, und macht diese Mittel selber handlicher und wirksamer: und die grundsätzlichsten Gegner der Demokratie (ich meine die Umsturzgeister) scheinen nur desshalb da zu sein, um durch die Angst, welche sie erregen, die verschiedenen Parteien immer schneller auf der demokratischen Bahn vorwärts zu treiben. Nun kann es Einem angesichts Derer, welche jetzt bewusst und ehrlich für diese Zukunft arbeiten, in der That bange werden: es liegt etwas Oedes und Einförmiges in ihren Gesichtern, und der graue Staub scheint auch bis in ihre Gehirne hineingeweht zu sein. Trotzdem: es ist möglich, dass die Nachwelt über dieses unser Bangen einmal lacht und an die demokratische Arbeit einer Reihe von Geschlechtern etwa so denkt, wie wir an den Bau von Steindämmen und Schutzmauern – als an eine Thätigkeit, die nothwendig viel Staub auf Kleider und Gesichter breitet und unvermeidlich wohl auch die Arbeiter ein Wenig blödsinnig macht; aber wer würde desswegen solches Thun ungethan wünschen? Es scheint, dass die Demokratisirung Europa's ein Glied in der Kette jener ungeheuren *prophylaktischen Maassregeln* ist, welche der Gedanke der neuen Zeit sind und mit denen wir uns gegen das Mittelalter abheben. Jetzt erst ist das Zeitalter der Cyklopenbauten! Endliche Sicherheit der Fundamente, damit alle Zukunft auf ihnen ohne Gefahr bauen kann! Unmöglichkeit fürderhin, dass die Fruchtfelder der Cultur wieder über Nacht von wilden und sinnlosen Bergwässern zerstört werden! Steindämme und Schutzmauern gegen Barbaren, gegen Seuchen, gegen *leibliche und geistige Verknechtung!* Und diess Alles zunächst wörtlich und gröblich, aber allmählich immer höher und geistiger verstanden, sodass alle hier angedeuteten Maassregeln die geistreiche Gesammtvorbereitung des höchsten Künstlers der Gartenkunst zu sein scheinen, der sich dann erst zu seiner eigentlichen Aufgabe wenden kann, wenn jene vollkommen ausgeführt ist! – Freilich: bei den weiten Zeitstrecken, welche hier zwischen Mittel und Zweck liegen, bei der grossen, übergrossen, Kraft und Geist von Jahrhunderten anspannenden Mühsal, die schon noth thut, um nur jedes einzelne Mittel zu schaffen oder herbeizuschaffen, darf man es den Arbeitern an der Gegenwart nicht zu hart anrechnen, wenn sie laut decretiren, die Mauer und das Spalier *sei* schon der Zweck und das letzte Ziel; da ja noch Niemand den Gärtner und die Fruchtpflanzen sieht, *um derentwillen* das Spalier da ist.

Erläuterungen zum Text

Cyklopenbauten: Zyklopenmauern sind aus großen, unregelmäßig behauenen Steinen mörtellos gefügte Mauern, die in Mykene (Griechenland), Italien und bei den Hethitern Mitte des 1. Jahrtausends vor Christus errichtet wurden.
prophylaktisch: vorbeugend.
Barbaren: aus griechischer Sicht: die Nichtgriechen als unzivilisierte Menschen.
decretiren: anordnen.
Spalier: Gestell aus Latten oder Draht, an dem Obstbäume, Wein o.ä. gezogen werden.

Verständnisfragen zum Text

1. Mit dem Bild vom Bau der Steindämme und Schutzmauern wird
   a) der Nutzen der politischen Arbeit begriffen.
   b) das Kleinliche der Demokratisierung abgewertet.
   c) das Nützliche zugleich mit dem Kleinlichen bezeichnet.

2. Insgesamt begreift Nietzsche in diesem Aphorismus
   a) die Neuzeit gegenüber dem Mittelalter.
   b) die politische Arbeit gegenüber der wirtschaftlichen.
   c) Europas Eigenart gegenüber Amerika.

3. Er sieht die Demokratisierung Europas als einen Vorgang,
   a) der die Religion überwinden soll.
   b) der die Kleinstaaterei abschaffen soll.
   c) der die Grundlagen der Freiheit sichern soll.

4. Mit der Entfaltung des Bildes vom Bauen und Pflanzen will er
   a) die Demokratisierung anschaulich machen.
   b) einen höheren Standpunkt gegenüber der begrenzten Perspektive der täglichen Arbeit aufbauen.
   c) die Faulenzer und Parasiten kritisieren.

Testen Sie Ihr Verständnis Nietzsches

Setzen Sie jeweils ein passendes Wort ein:

(131) »Die Demokratie will möglichst Vielen *Unabhängigkeit* schaffen und verbürgen, Unabhängigkeit der Meinungen, ... und des Erwerbs.« (Der Wanderer und sein Schatten, Nr. 293)
(132) »Besser schreiben aber heisst zugleich auch besser denken: immer Mittheilenswertheres erfinden und es wirklich mittheilen können; [...] endlich, jenen jetzt noch so fernen Zustand der Dinge *vorbereiten*, wo den guten Europäern ihre grosse Aufgabe in die Hände fällt: die Leitung und Ueberwachung der gesamten ....« (Der Wanderer und sein Schatten, Nr. 87)
(133) »Hier, wo die Begriffe ›modern‹ und ›europäisch‹ fast gleich gesetzt sind, wird unter Europa viel mehr an Länderstrecken verstanden, als das geographische Europa, die kleine Halbinsel Asien's, umfasst; namentlich gehört ...... hinzu, soweit es eben das Tochterland unserer Cultur ist.« (Der Wanderer und sein Schatten, Nr. 215)

Lösungen der Verständnisfragen: 1c, 2a, 3c, 4b.
Testen Sie Ihr Verständnis Nietzsches: (131) der Lebensart, (132) Erdcultur, (133) Amerika.

NOTWEHR ODER FRIEDEN

284.

Das Mittel zum wirklichen Frieden. – Keine Regierung giebt jetzt zu, dass sie das Heer unterhalte, um gelegentliche Eroberungsgelüste zu befriedigen; sondern der Vertheidigung soll es dienen. Jene Moral, welche die Nothwehr billigt, wird als ihre Fürsprecherin angerufen. Das heisst aber: sich die Moralität und dem Nachbar die Immoralität vorbehalten, weil er angriffs- und eroberungslustig gedacht werden muss, wenn unser Staat nothwendig an die Mittel der Nothwehr denken soll; überdiess erklärt man ihn, der genau ebenso wie unser Staat die Angriffslust leugnet und auch seinerseits das Heer vorgeblich nur aus Nothwehrgründen unterhält, durch unsere Erklärung, wesshalb wir ein Heer brauchen, für einen Heuchler und listigen Verbrecher, welcher gar zu gern ein harmloses und ungeschicktes Opfer ohne allen Kampf *überfallen* möchte. So stehen nun alle Staaten jetzt gegen einander: sie setzen die schlechte Gesinnung des Nachbars und die gute Gesinnung bei sich voraus. Diese Voraussetzung ist aber eine *Inhumanität*, so schlimm und schlimmer als der Krieg: ja, im Grunde ist sie schon die Aufforderung und Ursache zu Kriegen, weil sie, wie gesagt, dem Nachbar die Immoralität unterschiebt und dadurch die feindselige Gesinnung und That zu provociren scheint. Der Lehre von dem Heer als einem Mittel der Nothwehr muss man ebenso gründlich abschwören, als den Eroberungsgelüsten. Und es kommt vielleicht ein grosser Tag, an welchem ein Volk, durch Kriege und Siege, durch die höchste Ausbildung der militärischen Ordnung und Intelligenz ausgezeichnet, und gewöhnt, diesen Dingen die schwersten Opfer zu bringen, freiwillig ausruft: *»wir zerbrechen das Schwert«* – und sein gesammtes Heerwesen bis in seine letzten Fundamente zertrümmert. *Sich wehrlos machen, während man der Wehrhafteste war*, aus einer *Höhe* der Empfindung heraus, – das ist das Mittel zum *wirklichen* Frieden, welcher immer auf einem Frieden der Gesinnung ruhen muss: während der sogenannte bewaffnete Friede, wie er jetzt in allen Ländern einhergeht, der Unfriede der

Gesinnung ist, der sich und dem Nachbar nicht traut und halb aus Hass, halb aus Furcht die Waffen nicht ablegt. Lieber zu Grunde gehen, als hassen und fürchten, und *zweimal lieber zu Grunde gehen, als sich hassen und fürchten machen*, – diess muss einmal auch die oberste Maxime jeder einzelnen staatlichen Gesellschaft werden! – Unsern liberalen Volksvertretern fehlt es, wie bekannt, an Zeit zum Nachdenken über die Natur des Menschen: sonst würden sie wissen, dass sie umsonst arbeiten, wenn sie für eine »allmähliche Herabminderung der Militärlast« arbeiten. Vielmehr: erst wenn diese Art Noth am grössten ist, wird auch die Art Gott am nächsten sein, die hier allein helfen kann. Der Kriegsglorien-Baum kann nur mit Einem Male, durch einen Blitzschlag zerstört werden: der Blitz aber kommt, ihr wisst es ja, aus der Wolke – und von der Höhe. –

Erläuterungen zum Text

Man muß sehen, daß die Überlegungen in diesem Aphorismus (wie auch sonst oft) in einer Spannung zu anderen Gedanken Nietzsches stehen, daß sie zu Nr. 183 passen, aber nicht zu Nr. 275 oder 285 (oder gar zu ›Menschliches, Allzumenschliches‹, Nr. 477).

Inhumanität: Unmenschlichkeit.
provociren: herausfordern.
hassen und fürchten: vielleicht Anspielung auf den Grundsatz römischer Politik: »Man mag uns hassen, solange man uns fürchtet.«
Maxime: Grundsatz.
die Art Gott: Anspielung auf das Sprichwort: »Wo die Not am größten, ist Gottes Hilfe am nächsten.«
Kriegsglorie: Kriegsruhm.

Verständnisfragen zum Text

1. Nietzsche kritisiert die Moral der Notwehr zunächst,
   a) weil sie verlogen ist.
   b) weil sie unwirksam ist.
   c) weil sie kurzsichtig ist.

2. Durch die Moral der Notwehr wird »das Böse«
   a) gleichmäßig auf alle Parteien verteilt.
   b) einseitig auf die anderen verteilt.
   c) überhaupt nicht erwähnt.

3. Statt militärischer Vorkehrungen fordert Nietzsche
   a) eine reine Friedensgesinnung.
   b) ein sauberes Denken und Planen.
   c) eine internationale Organisation.

Testen Sie Ihr Verständnis Nietzsches

Setzen Sie jeweils ein passendes Wort ein:

(134) »Es ist eitel Schwärmerei und Schönseelenthum, von der Menschheit noch viel (oder gar: erst recht viel) zu erwarten, wenn sie ……, Kriege zu führen.« (Menschliches, Allzumenschliches, Nr. 477)
(135) »Die Regierungen der grossen Staaten haben zwei Mittel in den Händen, das Volk von sich abhängig zu erhalten, in …… und Gehorsam: ein gröberes, das Heer, ein feineres, die Schule.« (Vermischte Meinungen und Sprüche, Nr. 320)
(136) »Matt und erbärmlich werdenden Völkern mag der Krieg als …… anzurathen sein: falls sie nämlich durchaus noch fortleben wollen: denn es gibt für die Völker-Schwindsucht auch eine Brutalitäts-Cur.« (Der Wanderer und sein Schatten, Nr. 187)

Lösungen der Verständnisfragen: 1a, 2b, 3a.
Testen Sie Ihr Verständnis Nietzsches: (134) verlernt hat, (135) Furcht, (136) Heilmittel.

EIGENTUM

285.

Ob der Besitz mit der Gerechtigkeit ausgeglichen werden kann. – Wird die Ungerechtigkeit des Besitzes stark empfunden – der Zeiger der grossen Uhr ist einmal wieder an dieser Stelle –, so nennt man zwei Mittel, derselben abzuhelfen: einmal eine gleiche Vertheilung, und sodann die Aufhebung des Eigenthums und den Zurückfall des Besitzes an die Gemeinschaft. Letzteres Mittel ist namentlich nach dem Herzen unserer Socialisten, welche jenem alterthümlichen Juden darüber gram sind, dass er sagte: du sollst nicht stehlen. Nach ihnen soll das siebente Gebot vielmehr lauten: du sollst nicht besitzen. – Die Versuche nach dem ersten Recepte sind im Alterthum oft gemacht worden, zwar immer nur in kleinem Maassstabe, aber doch mit einem Misserfolg, der auch uns noch Lehrer sein kann. »Gleiche Ackerloose« ist leicht gesagt; aber wieviel Bitterkeit erzeugt sich durch die dabei nöthig werdende Trennung und Scheidung, durch den Verlust von altverehrtem Besitz, wieviel Pietät wird verletzt und geopfert! Man gräbt die Moralität um, wenn man die Gränzsteine umgräbt. Und wieder, wieviel neue Bitterkeit unter den neuen Besitzern, wieviel Eifersucht und Scheelsehen, da es zwei wirklich gleiche Ackerloose nie gegeben hat, und wenn es solche gäbe, der menschliche Neid auf den Nachbar nicht an deren Gleichheit glauben würde. Und wie lange dauerte diese schon in der Wurzel vergiftete und ungesunde Gleichheit! In wenigen Geschlechtern war durch Erbschaft hier das eine Loos auf fünf Köpfe, dort waren fünf Loose auf Einen Kopf gekommen: und im Falle man durch harte Erbschaftsgesetze solchen Missständen vorbeugte, gab es zwar noch die gleichen Ackerloose, aber dazwischen Dürftige und Unzufriedene, welche Nichts besassen, ausser der Missgunst auf die Anverwandten und Nachbarn und dem Verlangen nach dem Umsturz aller Dinge. – Will man aber nach dem *zweiten* Recepte das Eigenthum der *Gemeinde* zurückgeben und den Einzelnen nur zum zeitweiligen Pächter machen, so zerstört man das Ackerland. Denn der Mensch ist gegen Alles, was er nur vorübergehend besitzt, ohne Vorsorge und Aufopferung, er verfährt damit ausbeuterisch, als Räuber oder als lüderlicher Verschwender. Wenn Plato meint, die Selbstsucht werde mit der Aufhebung des Besitzes aufgehoben, so ist ihm zu antworten, dass, nach Abzug der Selbstsucht, vom Menschen jedenfalls nicht die vier Cardinaltugenden übrig bleiben werden, – wie man sagen muss: die ärgste Pest könnte der Menschheit nicht so schaden, als wenn eines Tages die Eitelkeit aus ihr entschwände. Ohne Eitelkeit und Selbstsucht – was sind denn die menschlichen Tugenden? Womit nicht von ferne gesagt sein soll, dass es nur Namen und Masken von jenen seien. Plato's utopistische Grundmelodie, die jetzt noch von den Socialisten fortgesungen wird, beruht auf einer mangelhaften Kenntniss des Menschen: ihm fehlte die Historie der moralischen Empfindungen, die Einsicht in den Ursprung der guten nützlichen Eigenschaften der menschlichen Seele. Er glaubte, wie das ganze Alterthum, an gut und böse wie an weiss und schwarz: also an eine radicale Verschiedenheit der guten und der bösen Menschen, der guten und der schlechten Eigenschaften. – Damit der Besitz fürderhin mehr Vertrauen einflösse und moralischer werde, halte man alle Arbeitswege zum *kleinen* Vermögen offen, aber verhindere die mühelose, die plötzliche Bereicherung; man ziehe alle Zweige des Transports und Handels, welche der Anhäufung *grosser* Vermögen günstig sind, also namentlich den Geldhandel, aus den Händen der Privaten und Privatgesellschaften – und betrachte ebenso die Zuviel- wie die Nichts-Besitzer als gemeingefährliche Wesen.

Erläuterungen zum Text

altertümlicher Jude: Moses als Verkünder der Zehn Gebote.
Ackerloos: Anteil an Grund und Boden.
Pietät: Ehrfurcht vor dem Überlieferten.
lüderlich: liederlich, unordentlich.
Plato: griechischer Philosoph (427–347 v. Chr.), der in seinem Dialog ›Der Staat‹ darlegte, daß Gerechtigkeit dadurch zu

erreichen sei, daß Eigentum und Familie als Quellen des Egoismus den führenden Männern versagt bleiben sollten.
Cardinaltugenden: die vier Haupttugenden (Klugheit, Tapferkeit, Mäßigung, Gerechtigkeit).
utopistisch: trügerisch, zu utopisch.

Verständnisfragen zum Text

1. Mit der Untersuchung, wie dem ungerecht verteilten Besitz beizukommen sei,
   a) will Nietzsche die Marxisten gewinnen.
   b) bringt er ein neues politisches Thema vor.
   c) greift er in die politische Debatte ein.

2. Der Versuch, gleichen Besitz herzustellen, scheitert
   a) an der Schwierigkeit der rechtlichen Regelungen.
   b) an der egoistischen Gesinnung der Menschen.
   c) voraussichtlich nicht.

3. Der Versuch, das Privateigentum ganz aufzuheben, scheitert
   a) ebenso am Mangel an Gemeinsinn.
   b) am Widerstand der Reichen.
   c) an der Zähigkeit rechtlicher Verhältnisse.

4. In der grundsätzlichen Diskussion greift Nietzsche zurück
   a) auf christliche und antike Traditionen.
   b) auf die Entwicklung der Tugend aus dem Egoismus.
   c) auf seine Lehre vom Vorrang der Freiheit.

5. Sein Lösungsvorschlag ist im Grund
   a) liberal.
   b) ökologisch.
   c) sozialdemokratisch.

Testen Sie Ihr Verständnis Nietzsches

Setzen Sie jeweils ein passendes Wort ein:

(137) »Die ...... Gesinnung steckt in den Seelen der Nicht-Besitzenden auch, sie sind nicht besser als die Besitzenden und haben kein moralisches Vorrecht, denn irgend wann sind ihre Vorfahren Besitzende gewesen.« (Menschliches, Allzumenschliches, Nr. 452)
(138) »Der Socialismus ist der phantastische jüngere Bruder des fast abgelebten ...... , den er beerben will; seine Bestrebungen sind also im tiefsten Verstande reactionär.« (Menschliches, Allzumenschliches, Nr. 473)
(139) »Nur wer ...... hat, sollte *Besitz* haben: sonst ist der Besitz *gemeingefährlich.*« (Vermischte Meinungen und Sprüche, Nr. 310)

Lösungen der Verständnisfragen: 1c, 2b, 3a, 4b, 5c.
Testen Sie Ihr Verständnis Nietzsches: (137) ungerechte, (138) Despotismus,
(139) *Geist.*

GERECHTER LOHN

286.

Der Werth der Arbeit. – Wollte man den Werth der Arbeit darnach bestimmen, wieviel Zeit, Fleiss, guter oder schlechter Wille, Zwang, Erfindsamkeit oder Faulheit, Ehrlichkeit oder Schein darauf verwendet ist, so kann der Werth niemals *gerecht* sein; denn die ganze Person müsste auf die Wagschale gesetzt werden können, was unmöglich ist. Hier heisst es »Richtet nicht!« Aber der Ruf nach Gerechtigkeit ist es ja, den wir jetzt von Denen hören, welche mit der Abschätzung der Arbeit unzufrieden sind. Denkt man weiter, so findet man jede Persönlichkeit unverantwortlich für ihr Product, die Arbeit: ein *Verdienst* ist also niemals daraus abzuleiten, jede Arbeit ist so gut oder schlecht, wie sie bei der und der nothwendigen Constellation von Kräften und Schwächen, Kenntnissen und Begehrungen sein muss. Es steht nicht im Belieben des Arbeiters, *ob* er arbeitet; auch nicht, *wie* er arbeitet. Nur die Gesichtspuncte des *Nutzens*, engere und weitere, haben Werthschätzung der Arbeit geschaffen. Das, was wir jetzt Gerechtigkeit nennen, ist auf diesem Felde sehr wohl am Platz als eine höchst verfeinerte Nützlichkeit, welche nicht auf den Moment nur Rücksicht nimmt und die Gelegenheit ausbeutet, sondern auf Dauerhaftigkeit aller Zustände sinnt, und desshalb auch das Wohl des Arbeiters, seine leibliche und seelische Zufriedenheit in's Auge fasst, – *damit* er und seine Nachkommen gut auch für unsere Nachkommen arbeiten und noch auf längere Zeiträume, als das menschliche Einzelleben ist, hinaus zuverlässig werden. Die *Ausbeutung* des Arbeiters war, wie man jetzt begreift, eine Dummheit, ein Raub-Bau auf Kosten der Zukunft, eine Gefährdung der Gesellschaft. Jetzt hat man fast schon den Krieg: und jedenfalls werden die Kosten, um den Frieden zu erhalten, um Verträge zu schliessen und Vertrauen zu erlangen, nunmehr sehr gross sein, weil die Thorheit der Ausbeutenden sehr gross und langdauernd war.

Erläuterungen zum Text

»Richtet nicht!«: Zitat eines Wortes Jesu: »Richtet nicht, damit ihr nicht gerichtet werdet!« (Mt 7,1)
Constellation: Zusammensetzung, Verhältnis.

Verständnisfragen zum Text

1. Was erkennt Nietzsche als Grundlage der Gerechtigkeit an,
   a) das wahre Verdienst?
   b) die persönliche Leistung?
   c) den allgemeinen Nutzen?

2. Lehnt er andere Deutungen von Gerechtigkeit ab,
   a) weil sie hohe Kosten verursachen?
   b) weil sie unwägbare Aspekte enthalten?
   c) weil es keinen unparteiischen Richter gibt?

3. Lehnt er die Ausbeutung der Arbeiter ab,
   a) weil sie unmenschlich ist?
   b) weil sie schädlich für die Gesellschaft ist?
   c) weil sie rechtlich nicht vertretbar ist?

Testen Sie Ihr Verständnis Nietzsches

Setzen Sie jeweils ein passendes Wort ein:

(140) »Der Pfeiler der gesellschaftlichen Ordnung ruht auf dem Grunde, dass ein Jeder auf Das, was er ist, thut und erstrebt, auf seine Gesundheit oder Krankheit, seine Armut oder Wohlstand, seine Ehre oder Unansehnlichkeit, …… hinblickt und dabei empfindet *›ich tausche doch mit Keinem‹*.« (Vermischte Meinungen und Sprüche, Nr. 396)
(141) »Offenbar hat die Gesellschaft, der Heerd aller Moral und aller Lobsprüche des moralischen Handelns, allzu lange

und allzu hart mit dem Eigen-Nutzen und Eigen-Sinne des Einzelnen zu kämpfen gehabt, um nicht zuletzt *jedes andere* Motiv sittlich höher zu taxiren, als …… .« (Der Wanderer und sein Schatten, Nr. 40)

(142) »Die Maschine ist unpersönlich, sie entzieht dem Stück Arbeit seinen Stolz, sein individuell *Gutes* und *Fehlerhaftes*, was an jeder Nicht-Maschinenarbeit klebt, – also sein Bisschen …… .« (Der Wanderer und sein Schatten, Nr. 288)

Lösungen der Verständnisfragen: 1c, 2b, 3b.
Testen Sie Ihr Verständnis Nietzsches: (140) mit Heiterkeit, (141) den Nutzen, (142) Humanität.

EIGENE MEINUNG

329.

Wann es Zeit ist, sich Treue zu geloben. – Man verläuft sich mitunter in eine geistige Richtung, welcher unsre Begabung widerspricht; eine Zeit lang kämpft man heroisch wider die Fluth und den Wind an, im Grunde gegen sich selbst: man wird müde, keucht; was man vollbringt, macht Einem keine rechte Freude, man meint zu viel bei diesen Erfolgen eingebüsst zu haben. Ja, man *verzweifelt* an seiner Fruchtbarkeit, an seiner Zukunft, mitten im Siege vielleicht. Endlich, endlich *kehrt* man *um* – und jetzt weht der Wind *in* unser Segel und treibt uns in *unser* Fahrwasser. Welches Glück! Wie *siegesgewiss* fühlen wir uns! Jetzt erst wissen wir, was wir sind und was wir wollen, jetzt geloben wir uns Treue und *dürfen* es – als Wissende.

Erläuterungen zum Text

heroisch: heldenhaft.

Testen Sie Ihr Verständnis Nietzsches

Setzen Sie jeweils ein passendes Wort ein:

(143) »Man muss zum Zwecke der Erkenntniss jene ...... zu benutzen wissen, welche uns zu einer Sache hinzieht und wiederum jene, welche uns nach einer Zeit von der Sache fortzieht.« (Menschliches, Allzumenschliches, Nr. 500)
(144) »Man ist Besitzer seiner Meinungen, wie man Besitzer von Fischen ist, – insofern man nämlich Besitzer ...... ist. Man muss fischen gehen und Glück haben, – dann hat man *seine* Fische, *seine* Meinungen.« (Der Wanderer und sein Schatten, Nr. 317)
(145) »Wir würden uns für unsere Meinungen nicht verbrennen lassen: wir sind ihrer nicht so sicher. Aber vielleicht dafür,

dass wir unsere Meinungen haben dürfen und …… dürfen.«
(Der Wanderer und sein Schatten, Nr. 333)

Testen Sie Ihr Verständnis Nietzsches: (143) innere Strömung, (144) eines Fischteiches, (145) ändern.

GESPRÄCH ZUM ABSCHLUSS ÜBER ›DER WANDERER UND SEIN SCHATTEN‹

Herr Nietzsche, Sie haben mit Ihrem Buch ›Menschliches, Allzumenschliches‹ eine »Chemie der Begriffe und Empfindungen« in Angriff genommen; Sie haben in der Geschichte der moralischen Empfindungen bedeutende Entdeckungen gemacht, wie auch Ihr neues Buch ›Der Wanderer und sein Schatten‹ zeigt. Woraus entpsringt menschliche Moral?
»Vielleicht hat alle Moralität der Menschheit in der ungeheuren inneren Aufregung ihren Ursprung, welche die Urmenschen ergriff, als sie das Maass und das Messen, die Wage und das Wägen entdeckten (das Wort »Mensch« bedeutet ja den Messenden, er hat sich nach seiner grössten Entdeckung *benennen* wollen!). Mit diesen Vorstellungen stiegen sie in Bereiche hinauf, die ganz unmessbar und unwägbar sind, aber es ursprünglich nicht zu sein schienen.« (Nr. 21)

Wenn man Ihre Aphorismen liest, hat man gelegentlich den Eindruck, daß Sie sich wiederholen oder einen bereits geäußerten Gedanken leicht abwandeln.
»Es ist gut, eine Sache sofort doppelt auszudrücken und ihr einen rechten und einen linken Fuss zu geben. Auf Einem Bein kann die Wahrheit zwar stehen; mit zweien aber wird sie gehen und herumkommen.« (Nr. 13)

Sind Sie von sich und den Ergebnissen Ihres Denkens nicht etwas zu sehr eingenommen?
»Man nehme sich vor allen Personen in Acht, welche das bittere Gefühl des Fischers haben, der nach mühevollem Tagewerk am Abend mit leeren Netzen heimfährt.« (Nr. 250)

Was Sie über das Sterben und auch über das Leben insgesamt sagen, ist ernüchternd, für manche sogar bedrückend.
»Wer gern hingerissen werden will und sich leicht nach Oben tragen lassen möchte, soll zusehen, dass er nicht zu *schwer* werde, das heisst zum Beispiel, dass er nicht viel lerne und namentlich von der Wissenschaft sich nicht *erfüllen* lasse.

Diese macht schwerfällig! – nehmt euch in Acht, ihr Enthusiasten!« (Nr. 315)

Sie sprechen auch von Lesern und den Motiven ihres Lesens – was ist aus Ihrer Sicht daran zu kritisieren?
»Die Menschen drängen sich zum Lichte, nicht um besser zu sehen, sondern um besser zu glänzen. – Vor wem man glänzt, den lässt man gerne als Licht gelten.« (Nr. 254)

Gibt es demnach auch Menschen, die Sie sich nicht als Leser wünschen?
»Wie quälen den Autor jene braven Leser mit den dicklichten ungeschickten Seelen, welche immer, wenn sie woran anstossen, auch umfallen und sich jedesmal dabei wehe thun!« (Nr. 104)

Es gibt also wohl die falschen Leser – gibt es auch die falschen Autoren?
»Ich will keinen Autor mehr lesen, dem man anmerkt, er wollte ein Buch machen: sondern nur jene, deren Gedanken unversehens ein Buch wurden.« (Nr. 121)

Wieso machen die Autoren, die von ihrem Schreiber-Ehrgeiz angetrieben sind, keine guten Bücher?
»Wie kann Jemand zum Denker werden, wenn er nicht mindestens den dritten Theil jeden Tages ohne Leidenschaften, Menschen und Bücher verbringt?« (Nr. 324)

Und was ist an deren Schreibweise falsch?
»Wer zu Papier bringt was er *leidet*, wird ein trauriger Autor: aber ein *ernster*, wenn er uns sagt, was er *litt* und wesshalb er jetzt in der Freude ausruht.« (Nr. 128)

Vielen Dank, Herr Nietzsche, für Ihre Bereitschaft zu diesem abschließenden Gespräch!

(Die Fragen stellte Norbert Tholen; Nietzsches Antworten stammen aus seinem Buch ›Der Wanderer und sein Schatten‹.)

Friedrich Nietzsche
Kritische Studienausgabe in 15 Einzelbänden

Herausgegeben von Giorgio Colli und Mazzino Montinari

Die Geburt der Tragödie
Unzeitgemäße Betrachtungen I-IV
Nachgelassene Schriften 1870–1873
dtv 2221

Menschliches, Allzumenschliches I und II
dtv 2222

Mörgenröte
Idyllen aus Messina
Die fröhliche Wissenschaft
dtv 2223

Also sprach Zarathustra I-IV
dtv 2224

Jenseits von Gut und Böse
Zur Genealogie der Moral
dtv 2225

Der Fall Wagner
Götzen-Dämmerung
Der Antichrist · Ece homo
Dionysos-Dithyramben
Nietzsche contra Wagner
dtv 2226

Nachgelassene Fragmente 1869–1874
dtv 2227

Nachgelassene Fragmente 1875–1879
dtv 2228

Nachgelassene Fragmente 1880–1882
dtv 2229

Nachgelassene Fragmente 1882–1884
dtv 2230

Nachgelassene Fragmente 1884–1885
dtv 2231

Nachgelassene Fragmente 1885–1887
dtv 2232

Nachgelassene Fragmente 1887–1889
dtv 2233

Einführung in die KSA
Werk- und Siglenverzeichnis
Kommentar zu den Bänden 1-13 · dtv 2234

Chronik zu Nietzsches Leben · Konkordanz · Verzeichnis sämtlicher Gedichte
Gesamtregister
dtv 2235

Philosophie für Anfänger im dtv

Hilfreiche Wegbegleiter für den Einstieg in eine faszinierende, aber nicht leicht zugängliche Lektüre.
Originalausgaben

Platon für Anfänger
Der Staat
Eine Lese-Einführung
von Karlheinz Hülser
dtv 30707

Kant für Anfänger
Die Kritik der reinen Vernunft
Eine Lese-Einführung
von Ralf Ludwig
dtv 30135

Kant für Anfänger
Der kategorische Imperativ
Eine Lese-Einführung
von Ralf Ludwig
dtv 4663

Nietzsche für Anfänger
Also sprach Zarathustra
Eine Lese-Einführung
von Rüdiger Schmidt
und Cord Spreckelsen
dtv 30124

Hegel für Anfänger
Phänomenologie des Geistes
Eine Lese-Einführung
von Ralf Ludwig
dtv 30125

Kierkegaard für Anfänger
Entweder - Oder
Eine Lese-Einführung von
Asa A. Schillinger-Kind
dtv 30656

Schopenhauer für Anfänger
Die Welt als Wille und Vorstellung
Eine Lese-Einführung
von Susanne Möbuß
dtv 30672

Adam Smith für Anfänger
Der Wohlstand der Nationen
Eine Lese-Einführung
von Helen Winter und
Thomas Rommel
dtv 30708 (i.Vb.)

dtv

Philosophie jetzt!

Herausgegeben von Peter Sloterdijk
Ein Wegweiser zu den Texten der großen Philosophen,
sachkundig ausgewählt und kommentiert

Platon
Ausgewählt und vorgestellt von Rafael Ferber
dtv 30680

Aristoteles
Ausgewählt und vorgestellt von Annemarie Pieper
dtv 30682

Kant
Ausgewählt und vorgestellt von Günter Schulte
dtv 30683

Fichte
Ausgewählt und vorgestellt von Günter Schulte
dtv 30687

Hegel
Ausgewählt und vorgestellt von Günter Schulte
dtv 30685

Schopenhauer
Ausgewählt und vorgestellt von Peter Sloterdijk
dtv 30686

Marx
Ausgewählt und vorgestellt von Oskar Negt
dtv 30684

Sartre
Ausgewählt und vorgestellt von Thomas H. Macho
dtv 30681

dtv

Denkanstöße Philosophie im dtv

dtv-Atlas Philosophie
dtv 3229

Michael Hauskeller
Geschichte der Ethik
Antike
dtv 30634

Klassiker des philosophischen Denkens
Herausgegeben von Norbert Hoerster
2 Bände
dtv 4386/4387

Klassische Texte der Staatsphilosophie
Herausgegeben von Norbert Hoerster
dtv 30147

Bertrand Russel
Denker des Abendlandes
Eine Geschichte der Philosophie
dtv 30019

Eike von Savigny
Der Mensch als Mitmensch
Wittgensteins ›Philosophische Untersuchungen‹
dtv 4691

Arthur Schopenhauer
Die Welt als Wille und Vorstellung
Gesamtausgabe · dtv 30671

Peter F. Strawson
Analyse und Metaphysik
Eine Einführung in die Philosophie
dtv 4615

Richard Tarnas
Idee und Leidenschaft
Die Wege des westlichen Denkens
dtv 30715

Norbert Tholen
Kennen Sie Nietzsche?
dtv 30655

Was ist Natur?
Klassische Texte zur Naturphilosophie
Herausgegeben von Gregor Schiemann
dtv 4697

Wilhelm Weischedel
Die philosophische Hintertreppe
34 große Philosophen in Alltag und Denken
dtv 30020